HISTOIRE
DU
COLLEGE MARMONTEL
A
BORT-LES-ORGUES

© *2019*
Auteur : Annie Porebski
CPA : DR

La Méridienne du Monde Rural
19110 BORT-LES-ORGUES
www.lameridiennedumonderural.fr

Éditeur : Books on Demand GmbH,
12/14 rond-point des Champs Élysées, 75008 Paris, France
Impression : Books on Demand GmbH, Norderstedt, Allemagne

ISBN: 978-2-322-09282-6
Dépôt légal : mai 2019

Annie **POREBSKI**

HISTOIRE
DU
COLLEGE MARMONTEL
A
BORT-LES-ORGUES

La Méridienne du Monde Rural
www.lameridiennedumonderural.fr

PRÉFACE

« *C'est près de là* (Bort), *qu'est située cette petite métairie de Saint-Thomas, où je lisais Virgile à l'ombre des arbres fleuris qui entouraient nos ruches d'abeilles... C'est... sur la pente de la côte, qu'est cet enclos où, les beaux jours de fêtes, mon père me menait cueillir des raisins de la vigne que lui-même avait plantée, ou des cerises, des prunes et des pommes des arbres qu'il avait greffés....* [1] ». C'est à cette présentation bucolique de Bort faite par Jean-François Marmontel, l'enfant du pays, que je pensais quand, un soir d'orage de la mi-août 1975, je découvris la ville du haut du belvédère, tout près du barrage. Ce qui s'offrait à mon regard paraissait éloigné de cette description : l'orage partait vers la montagne, laissant une ville grise et luisante qu'une masse, elle aussi grise, dominait : le collège qui n'avait pas alors les chaudes couleurs d'aujourd'hui. Je ne savais pas encore que, sous des aspects parfois sévères, Bort-les-Orgues cache de belles richesses.

C'est là que, à la sortie de mon service militaire, mon concours en poche, j'allais enseigner un an ou deux avant de demander ma mutation vers des cieux plus bleus. Plus de quarante ans ont passé et mon épouse et moi sommes toujours là ! J'ai passé seize ans au collège, rencontré des centaines d'élèves que je vois encore, de temps à autre, au hasard de rencontres toujours très agréables et plaisantes.

---

[1] - Jean-François MARMONTEL, *Mémoires*, réédition Paris, Mercure de France, 1999, p. 36.

Comme beaucoup, je me suis interrogé sur ce bâtiment imposant et important qui a vu défiler des générations de Bortois. Quelle était son histoire ? Quelles transformations avait-il connues ? Des conversations avec des collègues ou des habitants du cru m'ont permis de lever le voile sur tel ou tel point mais l'ensemble restait nébuleux.

C'est dire que le livre que vous ouvrez vous intéressera au plus haut point. Annie Porebski, que je remercie d'avoir pensé à moi en me proposant d'écrire quelques mots en préface, donne un ouvrage original, personnel, qui répond à des questions et en pose d'autres. En somme, cet ouvrage ressemble à la vraie vie : quelques certitudes et de nombreuses interrogations. Elle a le courage et la volonté, elle qui n'a pas d'attaches particulières en Haute-Corrèze, de se lancer dans cette aventure, glanant de ci, de là, des explications, échafaudant des hypothèses que des témoins du passé permettent de confirmer ou d'infirmer. Sa quête est remarquable : elle a construit l'histoire du collège sans faire œuvre d'historienne, elle a écrit un beau texte sans être romancière, elle a mené une enquête sans être inspectrice. Elle a découvert et étudié minutieusement beaucoup de documents d'archives, rencontré de nombreux anciens élèves ou des professeurs et agents de ce vénérable établissement. Elle nous explique sa démarche, ses doutes, ses joies et ses espoirs.

Ce livre inclassable et vivifiant raconte une partie de la vie de chaque Bortois, cette tranche de pré-adolescence où le monde se découvre, où la vie sociale se façonne et où la personnalité se forge. Cet ouvrage est une part de chacun d'entre nous qui avons connu cet établissement qui, jusqu'à ce jour, nous semblait mystérieux et, sans doute, froid et sévère. Après cette lecture, vous garderez l'image d'un bâtiment qui a une histoire longue et complexe, une âme tourmentée, un

8

aspect attachant et un espoir que nous partageons toutes et tous : celui qu'il vive encore très longtemps et qu'il continue à accueillir et à former les jeunes de la ville, du plateau bortois et d'ailleurs. Annie Porebski a écrit ces lignes pour trouver un passé et donner un avenir à ce collège qui a une place de choix dans la ville et dans nos cœurs.

Jean-Claude SANGOÏ

*ancien professeur d'histoire-géographie aux collège et lycée de Bort-les-Orgues
ancien maître de conférences et directeur du département d'histoire à
l'Université Jean Jaurès de Toulouse
mai 2018*

Introduction

Voilà que *mon livre* est achevé ; à moins de révélations supplémentaires - il faut savoir rester humble - dues à des témoignages tardifs ou des éléments d'archives que je n'aurais pas pu consulter, je n'ai plus qu'à m'esquiver et vous donner à goûter, à vous, lecteurs, toutes les surprises que j'ai vécues ces deux ou trois dernières années.

Ceci n'est pas œuvre d'historien, ni de romancier, encore moins de sociologue, mais d'amatrice consciencieuse qui serait heureuse si cela permettait à chacun chacune qui a fréquenté ces lieux d'y retrouver un peu de sa propre histoire, la petite, celle qui fait partie de l'histoire locale et du patrimoine, car je me suis nourrie des souvenirs de tous, y compris de ceux qui ne sont plus mais ont laissé leurs traces. C'est dans ces sillages que je me suis engouffrée avec enthousiasme.

J'ai cité très souvent entre guillemets les textes tels qu'ils étaient écrits dans les documents d'archives afin d'en préserver le style, apprécier le vocabulaire et parfois l'orthographe avec laquelle on a pu prendre quelques fantaisies sûrement bien involontaires. Un point d'interrogation entre parenthèses signifie que je ne suis pas sûre de l'écriture du patronyme que je rapporte car la calligraphie, si belle soit elle avec ses pleins et ses déliés, ne m'a pas toujours été aisée à déchiffrer. Nul doute en outre que les nombreux éléments d'archives que j'ai pu consulter ont encore à nous dire, sous réserve que l'on sache les traduire et interpréter, à la lumière d'autres savoirs notamment.

Je veux dédier ces écrits à M. Gaston Deshors, élève des années 50, il fut l'un des disciples de M. René Roques à qui j'offre également ces souvenirs, car ce sont en partie les leurs qu'ils n'ont pas hésité à me confier dès nos premières rencontres. En tirant sur les fils de leurs récits et anecdotes, d'autres épisodes et images sont venus qui ont fini par constituer une trame et ces récits.

Qu'ils en soient tous deux, ainsi que tous les autres, témoins et guides dont j'ai croisé la route, très sincèrement remerciés.

Mars 2018

Chapitre I

Une ville : BORT-LES-ORGUES

« La vallée où elle est mise ressemble à une véritable oasis perdue au milieu de hautes et sombres montagnes… puissances basaltiques appelées orgues de Bort » note l'abbé Pau en introduction à son histoire de la ville de Bort (restée inédite mais dont j'ai lu le manuscrit). Et maintenant, son barrage, sa retenue d'eau…C'est ce qui attend le voyageur de passage, sur un axe jadis plus important, un peu éloigné aujourd'hui, de l'artère autoroutière qui draine les touristes, plus loin, vers le sud. Bort-les-Orgues, pas tout à fait en Cantal, pas seulement en Limousin, à l'intersection des deux, plus proche de Clermont-Ferrand à une heure de route, que de Limoges, à deux heures…

Et moi, j'y suis passée, il y a bien longtemps, lors d'un retour de vacances ; je me souviens du barrage et de la curiosité géologique : les orgues. J'y suis repassée, plus tard, lorsque je rejoignais le poste de proviseure adjointe sur lequel j'étais mutée au lycée de Mauriac, petite cité cantalienne à trente kilomètres de là. Quand je descendais par cette rampe d'accès en quelque sorte qui continue la route d'Ussel et passe la Dordogne pour rejoindre la direction de Mauriac, que je voyais à ma gauche ce bâtiment imposant, tout en longueur, sa façade trouée de nombreuses fenêtres, son horloge centrale (arrêtée ?) sous un toit ressemblant à un clocheton, je m'interrogeais : « Qu'est-ce donc que ce grand bâtiment ? Un hôpital ? Un hospice ? Un ancien couvent ? » Loin de moi la pensée qu'un jour j'y exercerais comme chef de l'établissement scolaire qu'en réalité j'avais sous les yeux. Et quand j'intégrai les locaux, suite à une x-ième mutation professionnelle, encore plus loin de moi l'idée que je m'y attacherais au point de vouloir retracer son histoire un peu étrange, oubliée peu ou prou par beaucoup de ses riverains.

Bort-les-Orgues, c'est aussi Marmontel, un de ses enfants illustres, « le plus célèbre des Bortois » ai-je pu lire. Jean François, de son prénom, fils de tailleur modeste, enfant du XVIIIè siècle, fit ses études au collège jésuite de Mauriac, en fut exclu suite à son comportement légèrement indiscipliné, devint contre toute attente disciple de Voltaire, ennemi de Rousseau, encyclopédiste, écrivain, dramaturge, secrétaire perpétuel de l'Académie française et mourut isolé, oublié loin de sa cité natale, à Habloville, en Normandie. Sa pierre tombale ne sera rapatriée à Bort qu'en 1967 mais l'on avait déjà donné son nom à la place centrale de la ville, l'ancien couderc, où trône désormais son buste, depuis 1839, l'immortalisant, ainsi qu'au groupe scolaire local devenu le collège où j'ai eu l'honneur d'exercer.

Et bien ce Jean François, tel un instrument facétieux du destin, me poursuivit. Car si je fus adjointe au lycée de Mauriac, qui s'était appelé, c'est à noter, *lycée Marmontel*, sis *rue du Collège,* je devins Principale du *collège Marmontel*, sis *110 rue des Ecoles*, à Bort. Curieux cheminement à l'envers pour une fonctionnaire qui aurait pu être carriériste, ce que je ne suis pas. A la veille de prendre mes fonctions, en juin ou juillet 2013, flânant sur le vide-grenier bortois, je « tombai » sur les Mémoires de Marmontel, enfin seulement sur les tomes deux et trois, le premier étant devenu introuvable ; c'est celui-ci bien sûr, relatant son enfance bortoise, qui m'intéressait. Je m'accommodai cependant de ma trouvaille et souris à cette coïncidence : Jean François m'appelait-il ? M'attendait-il ?... Quand je pense qu'à Mauriac, alors que je logeais dans les bâtiments illustres de l'ancien collège devenu lycée, ma chef et moi nous amusions à prêter vie au fantôme de Jean François que nous imaginions errant la nuit dans les couloirs ou dans l'ancienne chapelle attenante (lieu de passage obligatoire pour rejoindre la salle des professeurs : une particularité pour cet établissement public…)

Quelques années s'écoulèrent donc à Bort, les orgues en ligne de mire à l'horizon ouest, la Dordogne en contrebas, le barrage EDF, forteresse de béton armé au nord, ce verrou encore angoissant pour les habitants qui se souviennent de la tragédie de Malpasset en 1959. Mais il résiste ce formidable chef d'œuvre technique, symbole aussi d'une riche époque économique et de l'essor démographique, succédant à une ère industrielle décroissante. De tous ces passés, il reste le paysage urbain et ses ramifications, mais le destin économique est cruel, qui ne permet plus que rêver tourisme pour assurer la survie de cette petite bourgade engoncée dans sa vallée.

Bort, issu vraisemblablement du gaulois boduo-ritum qui signifie « gué de la corneille » ou « gué de l'escarpement », un lieu de passage (entre les Arvernes et les Lémovices, ce que rappelle le blason de la ville de Bort), nous apprend l'étymologie. Les corneilles sont toujours là mais le gué a disparu depuis longtemps, au fil des transformations irréversibles qu'ont subies la vallée et sa Dordogne domptée. Les orgues : seconde partie du toponyme, ajoutée par décret du 24 décembre 1919, rappelle la caractéristique géologique des lieux, ces phonolithes vestiges d'une préhistoire tellurique bien plus ancienne que celle des premiers Celtes installés au bord du cours d'eau providentiel dans sa vallée verdoyante.

Chapitre II

Une étrange histoire

C'est une drôle d'histoire et une non moins étrange chose, inattendue mais qui m'attendait pourtant, au tournant de mes dernières années de fonction au sein de l'éducation nationale.

Tout a commencé ce matin d'une belle journée ensoleillée de fin août 2015 ; les administratifs que nous étions, mes proches collaborateurs : Bruno, secrétaire, Valérie, gestionnaire, Patricia, conseillère principale d'éducation, moi-même, et les agents, avions tous repris le travail et préparions la rentrée scolaire imminente.

Alors que je descendais de l'étage administratif pour vaquer au rez-de-chaussée à une quelconque tâche, j'entendis Josie, l'agent qui travaillait dans le hall, dire à un inconnu : « Justement, voilà Madame la Principale, si vous voulez lui parler... » et je fis la connaissance d'un vieux monsieur qui très courtoisement me salua et me demanda : « M'autoriseriez- vous, Madame, à m'avancer dans la cour et regarder les bâtiments, car, voyez-vous, j'étais élève ici en 1950... ». Ravie de cette diversion intéressante, et abandonnant ce pourquoi j'étais descendue, je lui emboîtai le pas et nous pûmes comparer nos images respectives, pour lui celles d'il y a plus de soixante ans et pour moi celles de ma troisième rentrée en tant que chef d'établissement de ce collège ! Naturellement il y avait beaucoup de différences et il me révélait des anecdotes réellement surprenantes à mes yeux sur la façon de vivre de l'élève interne qu'il était alors...

Puis je le guidai et de retour à l'étage, le présentai à Valérie, la connaissant intéressée et quelque peu instruite de l'histoire de la maison, elle qui y officie depuis vingt ans tout juste. Par ailleurs je la savais en possession d'un carnet de cartes postales anciennes sur ce collège, qu'elle s'empressa de lui montrer et tous deux de les commenter allègrement tandis que je rejoignais mon bureau voisin. Mais ayant peu ou prou suivi leur conversation, je revins près d'eux et à brûle pourpoint assurai à ce monsieur qu'il me donnait une bien belle idée : celle de rédiger l'histoire de ce collège, qui n'existe pas encore, en y mêlant ainsi des souvenirs de la vie quotidienne des uns et des autres.

Il me confia ses coordonnées et je promis de le revoir à un autre moment où je serais plus disponible pour recueillir son témoignage d'ancien élève. « Bien sûr, acquiesça-t-il, mais… ne tardez pas trop car voyez-vous, je ne suis plus tout jeune… J'habite désormais en continu à Peyrelevade, sur le plateau des Millevaches et ma femme et moi serions heureux de vous y accueillir. » Nous nous quittâmes bons amis, bien décidés à poursuivre cette entrevue préliminaire.

Par la suite, je m'imaginais recueillir ainsi des souvenirs et effectuer des recherches un peu plus précises sur ce passé dont j'avais entraperçu quelques éléments : un ancien couvent, une prison auraient occupé les lieux… J'avais même osé l'écrire, sans plus de certitudes et preuves que ce que l'on m'en avait dit, dans une petite introduction à une brochure de présentation de l'établissement. L'idée m'amusait d'en savoir plus et, comme quand on est gosse, l'envie de découvrir, si possible, des choses exaltantes, incongrues et mystérieuses. Je commençai à en parler autour de moi, aux agents qui d'emblée partagèrent mon enthousiasme, histoire de, avait si plaisamment résumé Hervé, l'un d'entre eux, « savoir d'où on vient pour savoir où on va et où on est » ! Ils m'approuvaient d'autant que presque tous avaient été élèves ici et nourrissaient des souvenirs attendris de cette période de leur enfance passée.

Le hasard fit que je rencontrai fortuitement ou non mes premiers témoins qui m'apportèrent encore plus d'éléments et de questions… L'un d'entre eux vint à moi avec une liste de personnes à rencontrer absolument et selon certaines priorités qui s'avérèrent justifiées par la suite. Je me sentais entraînée de mon plein gré dans un processus un peu déstabilisant à première vue, mais semblable à celui que j'avais expérimenté lors de recherches généalogiques autrefois : tout se bousculait, sans aucun ordre, or je savais qu'il me fallait laisser venir, emmagasiner, ne rien négliger et petit à petit des fils allaient se dénouer et commencer à dessiner une trame du futur ouvrage que je n'imaginais pas ne pas parvenir à rédiger. Ce désordre propice à toutes sortes d'interrogations ne pouvait que m'être favorable. Patience, donc, et vigilance, d'autant que je n'avais aucune échéance à honorer, aucun enjeu autre que ce défi que je me lançais à respecter. Je venais en outre de trouver une transition parfaite pour assurer mon passage à ma vie post-active professionnellement parlant. J'aime écrire mais ne me sens guère capable, en vérité, de réaliser une œuvre d'imagination, d'autres le font bien mieux que moi. En revanche, tenir un sujet tel que celui-ci, que personne encore n'a abordé et m'accorder le droit de le traiter à ma façon, très personnelle et si possible originale, ça, oui, je m'en sens capable : un beau projet en vérité, complètement gratuit. Je trouverai en temps utile un éditeur, mon expérience de présidente d'une petite maison d'édition associative m'y aidera.

Aux vacances de Toussaint suivantes, compte-tenu du conseil qu'il m'avait donné, je décidai de rencontrer à nouveau M. Deshors, Gaston de son prénom, mon premier interlocuteur. Effectivement, bien que

19

prévoyant d'effectuer mes recherches et mes écrits pendant mes « grandes-grandes vacances » à venir dans deux ou trois ans, il ne fallait pas tarder à recueillir les souvenirs avant que les mémoires ne s'en aillent vers d'autres cieux… Je fus accueillie comme une princesse, le déjeuner fut délicieux et je sollicitai beaucoup mon interlocuteur qui, bien qu'il ait la mémoire « qui yoyote » comme il disait, faisait tout son possible pour m'être agréable. Quoi qu'il en dise, un mot en amenait un autre, une réminiscence en appelait d'autres, il m'emmena ainsi sur les traces de l'Ecole Pratique et sur sa vie d'interne des années cinquante. Je n'étais pas encore née !

Puis je commençai à dresser la liste des personnes à contacter, la plupart du temps je trouvai leurs coordonnées dans l'annuaire, je leur adressai une lettre circulaire me présentant avec le projet que je nourrissais et un petit questionnaire d'appoint. Je reçus quelques appels téléphoniques, quelques courriers papier et électroniques. En l'absence de réponse, c'est moi qui finissais par décrocher le téléphone et convenais d'un rendez-vous.

Et c'est ainsi que je rencontrai mon grand second interlocuteur incontournable : René Roques, bien connu de ses anciens élèves sous le surnom de Pépé Roques. Passionné d'histoire locale, héritier à sa façon des quelques érudits locaux dont il conserve la mémoire et les écrits qu'il a réalisés à partir de leurs documents, lui, l'auteur de riches chroniques du temps passé, que ne m'a-t-il pas appris sur le sujet que je lui soumettais orientant ainsi mes futures recherches !

Ma gratitude leur est acquise à tous deux, du fond de mon cœur.

Chapitre III

Des bâtiments

Supposons *que vous veniez à Marmontel* c'est-à-dire au collège : si vous suivez votre GPS, il vous fera arriver rue des Ecoles, c'est-à-dire dans une impasse puisque au fond s'ouvre la propriété de M. et Mme F. et vous aurez bien du mal à stationner votre véhicule (il n'y a que trois ou quatre places matérialisées le long du muret qui surplombe les jardins des occupants avenue de la Gare ; avant l'aménagement obligatoire de la rampe pour handicapés qui a réduit la largeur du passage, vous auriez pu vous garer en épis), et si vous le faites de façon un peu sauvage, vous risquez d'encombrer le passage et vous attirer les foudres –justifiées-dudit riverain, précisément empêché de circuler commodément, lui ou tout autre véhicule, de secours notamment. Donc mieux vaudrait vous abstenir mais vous êtes un peu énervé car obligé de reculer de façon peu aisée… Restons calme !

L'entrée principale est ici, au milieu de cet énorme corps de bâtiment tout en longueur dont on se demande s'il s'agit d'un couvent ou d'un hospice. En cela vous ne croyez pas si bien penser puisque dès le Moyen Age étaient implantés ici des bâtiments religieux : chapelle et/ou oratoire puis couvent, église… et la rue s'appelait rue des Minimes, du nom des Frères qui y résidaient. Mais ces bâtiments ont été rasés et remplacés par du neuf, au XIXème siècle tout d'abord, puis dans les années 1925-30, celui que vous avez sous les yeux présentement.

Vous êtes au rez-de-chaussée : à votre droite, ce qu'on appelle encore la loge même s'il y a bien longtemps qu'il n'y a plus de concierge… De 1970 à 1990, Mme B. y a occupé ces fonctions avec et à la suite de son mari. Mais pas seulement puisqu'elle faisait également la cuisine et du ménage. Un bel aquarium, m'a-t-on dit, trônait dans l'entrée (réalisation de travaux d'élèves dans le cadre d'un PAE –projet d'Action Educative- véritablement pluridisciplinaire intitulé « Au fil de l'eau, de la réalité au rêve »), aujourd'hui ce sont des plantes vertes, soigneusement entretenues. L'une d'elles est posée sur un des trois vestiges du cloître de jadis qui demeurent dans cette entrée : de quels éléments architecturaux peut-il bien s'agir ?

On a du mal, quand on n'a pas connu les locaux avant leur rénovation des années 91 puis 2008, à imaginer que les bureaux étaient au rez-de-chaussée alors qu'aujourd'hui il vous faut emprunter à votre gauche un bel escalier en chêne, authentique, aux marches grinçantes, pour rejoindre le premier étage administratif où vous pourrez aller soit au secrétariat, au bureau du/de la principal(e) ou celui du/de la gestionnaire au fond du couloir, soit au bureau de la CPE (Conseillère Principale d'Education – les surveillants généraux, « surgé », d'autrefois), de l'assistante sociale et du Conseiller d'orientation psychologue, juste avant une petite salle de réunion. Peut-être y croiserez-vous un élève ou deux, affalés dans un fauteuil parce qu'ils sont malades et qu'en l'absence de l'infirmière qui n'effectue pas tout son service au collège, ils attendent que leurs parents viennent les chercher, ou bien un élève en retenue en train de faire son travail sur la petite table proche, sous le regard de la CPE qui peut le surveiller au travers du mur vitré de son local. Autrefois le Directeur logeait à cet étage.

L'escalier ne s'arrête pas là, une deuxième volée de marches conduit au second, l'appartement de fonction actuel. Un pallier desservait des appartements, une salle (de séjour actuellement) qui fit usage de salle de réunion, de salle de radio… L'infirmerie a existé par ici, m'a-t-on dit, sans doute en relation avec l'internat de l'autre côté de la cloison actuelle. Des sanitaires, m'a-t-on dit, étaient communs aux appartements, ce qu'on a aussi de la peine à imaginer. L'escalier se poursuit et donne accès au grenier. Autrefois, les maîtres qui logeaient à l'école, faisaient sécher leur linge dans ces immenses greniers, quelques fils d'étendage en témoignent encore, ai-je constaté. Dans le couloir du grand appartement que j'ai occupé, des restes d'encadrement de portes, de serrures et de gonds attestent de ces éléments disparus. Les fenêtres, nombreuses, très hautes assurent une bonne luminosité mais M. M. qui a habité là quand son père était intendant, de 1958 à 1960, se souvient du *désespoir* de sa mère relatif à l'entretien de ces vitres et à la multitude et taille des rideaux nécessaires… De plus, elle s'ennuyait beaucoup et (c'était après la catastrophe en 1959 du barrage de Malpasset) avait très peur d'une rupture du barrage, comme beaucoup d'autres Bortois, traumatisés par l'événement, avais-je lu quelque part, qui vivaient ainsi dans un stress permanent. Lui, couchait dans une chambre au fond de l'appartement actuel, juste à côté de celui du directeur de l'école primaire, logement avec lequel on peut toujours communiquer puisque seule une porte sépare les deux appartements ! Aujourd'hui, on peut entendre tout ce qui se passe de l'autre côté de la cloison, mais il ne se passe rien puisque cet appartement n'a pas été refait depuis des lustres et est parfaitement inhabitable. En 1958, M. M. alors âgé de 18 ans, a entendu le directeur de l'école primaire, Paul Magnaudeix, mourir dans la chambre contiguë : de quoi être quelque peu choqué…

De retour en bas, passé l'entrée qui a été conçue comme elle l'est lors de la rénovation des locaux, (Mme M. gestionnaire, l'eût préférée fermée afin de limiter les courants d'air froid qui circulent dans la cage d'escalier en communication avec les greniers), face à vous, le Centre de Documentation et d'Information (CDI) : grande pièce agréable d'autant plus qu'elle a été bien isolée juste avant que j'arrive à la Direction, bien éclairée, c'est un peu le cœur de l'établissement, et par sa localisation, et par son statut selon moi. Au fond, une niche et l'emplacement d'une porte que l'on devine : c'était autrefois ce qui donnait accès à la cuisine puisque cette salle actuelle était le réfectoire des pensionnaires que même les petits de l'école Jean Jaurès, dès 1970 (l'école primaire venait de quitter Marmontel) fréquentaient. Il existe trois images de ce lieu : l'une montre le local vide, l'autre montre les élèves sagement répartis sur deux rangées de tables de huit, filles et garçons séparés, assis sur les bancs. La cuisine où s'affairaient le cuisinier ou la cuisinière et deux personnes chargées du service était, m'a-t-on rapporté, très petite. Pourtant un énorme fourneau, semble-t-il, d'après cette carte postale des années 30, occupait ces lieux qui deviendront les toilettes des filles dans les bâtiments rénovés, quand la demi-pension prendra place dans les nouveaux bâtiments en 1978, je suppose. Mais avant de devenir le CDI actuel, cette grande salle a été une salle d'étude et des parents d'élèves actuels qui ont été élèves ici se souviennent combien il y faisait froid, l'air passant par les lattes du plancher !

Vous êtes donc au centre de l'établissement puisque ce corps de bâtiment perpendiculaire au corps principal sépare la cour nord de la cour sud. L'aile nord et sa cour furent en leur temps réservées aux six classes de l'école primaire de garçons tandis que la cour sud l'était aux élèves du collège technique. L'aile sud au rez-de-chaussée c'étaient successivement : une salle de dactylographie (car l'école pratique de commerce et d'industrie comportait une section commerce très féminisée, en témoigne la carte postale que j'ai sous les yeux), un amphithéâtre laboratoire de physique chimie (avec son estrade et sa trappe qui donnait accès à un réduit, lieu de facéties d'élèves espiègles jouant aux esprits, genre « disparus de St Agil » ?) et trois salles de classe dont sans doute une de dessin. Les dortoirs occupaient les deux étages supérieurs : sur la carte postale on compte deux rangées de sept lits aux montants métalliques, un édredon recouvrant sagement la literie. De mémoire d'ancien élève des années 50 il y faisait très froid et l'eau des canalisations arrivant aux lavabos zingués gelait : Gaston Deshors rapporte que les élèves traversaient la cour, empruntaient une échelle pour escalader le talus du fond et allaient à une source faire leurs ablutions (l'eau ruisselle encore facilement en plusieurs endroits le long de la ligne ferrée actuelle dès qu'il pleut)* ! Aujourd'hui toutes ces salles des rez-de-chaussée et des étages sont des salles de classe, certaines ayant encore leur parquet d'origine, ce qui leur confère un air à la Doisneau qui prête à sourire (mais s'avère bruyant dès que les élèves s'agitent sur leur chaise, donc peu confortable).

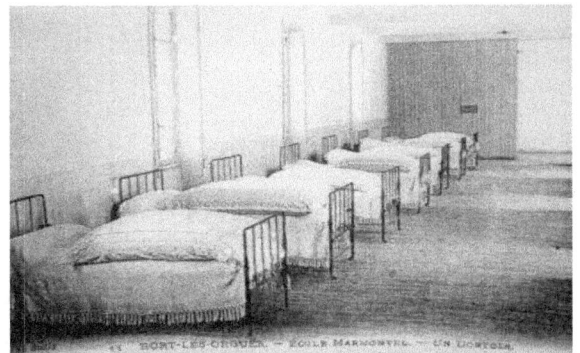

Depuis toujours ce ruissellement naturel provenant des collines de la rive gauche est remarqué et génère des infiltrations ou autres difficultés ; ainsi je lis dans la rubrique du temps passé du numéro 37 d'octobre 1994, ces faits retrouvés dans une délibération du conseil municipal un siècle plus tôt : « Le trop-plein de la fontaine du Faubourg emporte les immondices provenant... de l'école des garçons des Minimes » !

LABORATOIRE PHYSIQUE CHIMIE et AMPHITHEATRE

SALLE DE DACTYLOGRAPHIE

Sur le plan de 1925 étaient dessinés des arbres dans chacune des cours, ce que ne montrent pas les cartes postales. Les latrines et urinoirs étaient adossés aux murs de soutènement, ils ont disparu depuis longtemps. Un atelier pour les agents a été bâti dans la cour sud mais n'étant plus aux normes il est désormais interdit de l'utiliser et il a fallu s'adapter, transférer l'atelier dans une ancienne salle de cours accolée au gymnase après qu'il ait occupé une partie des sous-sols encore moins aux normes… Le long de chaque bâtiment, sur la face sud, un toit avançait pour protéger à l'extérieur les élèves de la pluie : les galeries couvertes. C'est là, au rez-de-chaussée, qu'avaient lieu les séances de sport quand il ne faisait pas bon à l'extérieur, ce couvert servant de préau, de plus, la cour n'était pas goudronnée. Les premiers tapis utilisés alors en gymnastique à l'époque de M Roques, étaient constitués de piles de couvertures données par le directeur du barrage ! Depuis 1991-92, c'est un couloir intérieur et son étage côté sud, une galerie couverte côté nord mais il n'y a toujours pas de préau à vrai dire pour les élèves.

Ce n'est qu'après 1964, lors du transfert du lycée technique route de Champs, que le gymnase actuel a remplacé tous les ateliers techniques réservés aux élèves : mécanique, menuiserie, forge, ajustage, magasin et bureau d'étude.

Les élèves, fort nombreux d'après les photographies, étaient encadrés par leurs enseignants, un chef de travaux et un contremaître municipal.

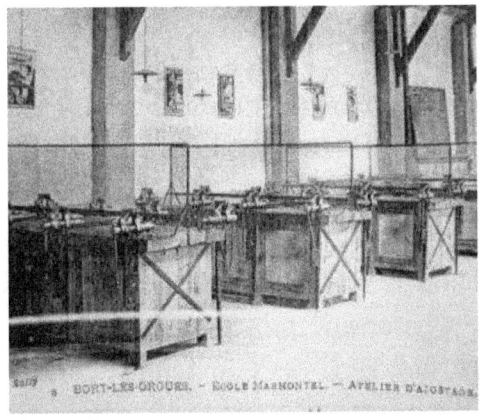

Des préfabriqués ont été installés dans cette cour sud pour pallier le manque de place dans les années 50-60. Ils seront désaffectés en 1989. Car la cohabitation devient de plus en plus difficile dès 1942 où l'on envisage une nouvelle construction. A moins que l'on doive envisager le transfert du collège un peu plus loin, à Granges, la Plantade ou la Cascade ? Des cours sont externalisés en ville où il faut louer des locaux, à la mairie, aux baraquements du Pré-Mongeal, à côté du stade actuel : ces bâtiments avaient abrité en leur temps des réfugiés lorrains, ce qui avait fait dire à M. Dupont (maire de Bort de 1983 à 2001, Conseiller régional, départemental et député), que l'on avait uni « le sabot lorrain et la galoche corrézienne ». C'est finalement le collège technique qui s'installera route de Champs, le projet définitif étant finalisé en 1959, les premiers bâtiments en 1962 et l'externat en 1964 où il devient opérationnel. C'est une époque faste du point de vue des effectifs scolaires et il va falloir construire un internat au collège pour accueillir des élèves qui viennent à la fois de Corrèze et du Cantal limitrophe. Mais, des années plus tard, quand les internes du CES ne seront plus qu'une poignée du fait de la chute des effectifs, ils seront hébergés au lycée technique.

Cela surprend toujours énormément les visiteurs : montons sur la passerelle qui enjambe la voie ferrée. Le collège de Bort est sans doute le seul de France à être partagé en deux par une voie ferrée !

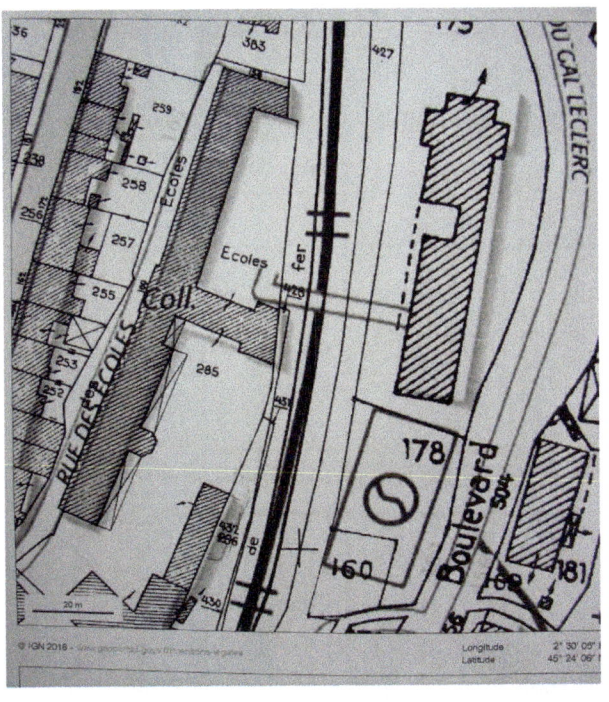

31

A l'époque où l'on réfléchissait à une extension du collège et par conséquent à une construction nouvelle qui ne pouvait être que sur ce terrain des Minimes, côté est, on avait hésité entre passage aérien ou passage souterrain et ce problème technique est responsable du retard de la construction... La voie ferrée est désaffectée mais si l'une de ses voies est partiellement envahie par la végétation, l'autre reste bien dégagée car il y circule de temps à autre la draisine que l'on remise à la gare ou un autorail ; en effet l'association des chemins de fer de la haute Auvergne continue à entretenir la voie un peu plus loin pour qu'en été le Gentiane Express puisse assurer un service touristique entre Sancy et Puy Mary. C'est à grand renfort de coups de sifflet que la draisine ou parfois l'autorail se manifestent quand ils passent devant le collège ; imaginons, l'espace de quelques instants, le trafic des machines à vapeur dans la première moitié du XXème siècle, le bruit, le panache des fumées et toute une animation à la gare toute proche... Celles-ci ne circulaient déjà plus lorsque M. B., le concierge, cultivait soigneusement son jardinet de l'autre côté de cette voie ferrée.

A propos de cadastre, nous avons essayé de savoir à qui appartenaient les terrains le long de la voie ferrée, ce qui semble assez complexe : à la SNCF (est-ce encore le cas ?) les parcelles 430 et 431, la 428 à la commune et la 285 au collège. Qu'en est-il de la 432 ?

Sur les très anciennes cartes les terrains correspondant aux Minimes apparaissent occupés par des vergers. Il y a bien aujourd'hui quelques noyers, châtaigniers, mais le paysage a passablement été modifié.

Nous arrivons aux bâtiments les moins anciens (1978) qui n'ont pas le cachet des précédents. A droite et face à nous l'internat : les deux étages étaient occupés par les dortoirs (complètement désaffectés en 2015) ; le rez-de-chaussée d'aujourd'hui, c'est un appartement occupé par la gestionnaire jusqu'à son départ en 2017, l'infirmerie, une belle salle de réunion et une buanderie aux murs quasiment lépreux. Bâtiment aux menuiseries en métal qui souffrent de la condensation. J'ai souvent prêté attention, sur la façade ouest exposée au soleil une bonne partie de la journée, aux cris audibles de chauves-souris logeant sans doute dans les coffres des persiennes ou dans quelques minuscules espaces propices. Fasse que l'on ne chasse pas ces animaux protégés par la Loi, en voie d'extinction à cause de la disparition de leurs gîtes, entre autres causes. J'ai aussi parfois rêvé, à la place de la pelouse herbacée difficile à tondre sur les nombreux talus, de jachères fleuries, mi sauvages et libres… Des abeilles auraient pu venir s'alimenter…

L'établissement eut été modèle en terme de protection de l'environnement ? Mais mon idée n'a rencontré aucun écho, les sympathisants « écolos » sont souvent pris pour de doux rêveurs et les habitudes restent tenaces…

Un petit patio sépare ce premier bâtiment de la demi-pension : réfectoire d'une centaine de places, cuisine et annexes. Le réfectoire des commensaux, au toit plat : c'est là qu'était prévue, je suppose, la possibilité d'ajouter un étage au cas où le nombre d'internes, sans doute, dépasse la capacité d'accueil… En réalité, la réalisation ayant été trop tardive, on a réduit le nombre de lits prévus, de cent quarante-quatre, à quatre-vingt-seize lors de la construction de l'internat.

Ce patio a une particularité : l'œuvre d'art, composée de cubes de granite agencés de façon originale, qui donnent un relief au sol.

Dangereux, à la limite, pour qui marcherait dessus sans y prêter attention. Je n'ai pas trouvé de plaque indiquant l'auteur, la date et le titre de cette œuvre, à ma grande frustration. J'ai donc dû enquêter auprès notamment des services rectoraux voués aux affaires culturelles et artistiques qui, à partir d'un inventaire probablement (un tel inventaire a été dressé dans le Pas de Calais en 2010), m'ont indiqué que cette œuvre avait été installée en 1977 et qu'elle a pour auteur Claude Roucard. Celui-ci est né en 1937 à Brive la Gaillarde, il est d'abord connu comme peintre de la nature et des paysages limousins, exerce dans son atelier du Pelissier en limite de Lot et Corrèze, ou à Paris. Spécialiste des formes, j'ai appris que « ses pavés de granite strié posés sur lit de sable et ciment étaient une spécificité maison » dont de toute évidence le collège possède un exemplaire.

J'ai retrouvé ce monsieur et nous avons pu échanger : pour lui cette réalisation et son installation datent de 1979. Elle n'a pas de nom. Il avait été contacté par l'architecte de Bort qui supervisait les travaux d'ensemble commandés par l'Education nationale. Elle a été mise en place avec des maçons du pays et Claude Roucard m'a fourni des photographies de l'œuvre en cours d'exécution. Les pavés provenaient de la marbrerie Salagnac à Bugeat, ce travail a été selon lui très agréable à réaliser. Il a fait par la suite une autre œuvre de ce genre à Rouen mais celle du collège de Bort fut une sorte de coup d'essai et son premier travail avec son assistant devenu son associé dans la fondation de la société Art Bloc. Il estime par ailleurs être en grande partie à l'origine des réalisations pavées des rues piétonnes par toute la France.

Pourquoi cette œuvre d'art ? Un arrêté de 1975 signé du ministre M. Haby stipule que chaque établissement scolaire nouvellement construit se doit d'intégrer une œuvre d'art contemporain, quelle que soit la discipline, en ses locaux correspondant à 1% de la somme de ces travaux. En fait plusieurs arrêtés se sont succédés (1972, 1951, 1949), le dernier abrogeant le précédent pour mettre ce projet en place dont l'idée revient à Jean Zay, ministre de l'Education nationale et des Beaux-arts sous le Front Populaire : celui-ci en effet souhaitait ouvrir des chantiers de grands travaux pour lutter contre le chômage des artistes. Son projet ne sera jamais mis en œuvre, mais l'idée sera reprise en 1951, l'objectif étant de sensibiliser les élèves à l'art contemporain et donner aux artistes l'occasion de s'exprimer.

Vous longez un passage couvert en tôles assez disgracieuses le long des bâtiments et rejoignez le portail d'entrée des fournisseurs puis le parking boulevard du Général Leclerc. La signalétique jaune et bleue sur un panneau indiquant « collège Marmontel » est due, semble-t-il, aux couleurs du club de l'ASM (Association Sportive Montferrandaise) dont un Principal fut supporter. Une faute d'orthographe (un accent aigu à la place d'un accent grave sur le e de élève) entache l'un des panneaux rue des Ecoles, en bas, mais rares sont ceux qui doivent la remarquer, en vérité.

Je peux supposer que les matériaux issus de la démolition des bâtis religieux ont resservi, j'en tiendrais pour preuve les deux pierres que j'ai photographiées en bordure de fenêtres sur la façade Est du bâtiment de 1930 ; sur l'une d'entre elles il me semble distinguer « 1 7 2 » -est-ce le début d'une date du XVIIIème ? Sur l'autre, dans un cartouche, les lettres « S P E S » : la fin d'un mot latin ? Cruelle ignorance.

J'ai découvert ces pierres de façon très fortuite : un jour où je circulais sur l'actuelle passerelle, l'esprit tout occupé par le début de mes recherches, inspectant des yeux la façade, je me disais que « ce serait bien le diable » s'il n'y avait pas trace de l'ancienne construction quelque part sur ces bâtiments et à ce moment-là très précisément, grâce à l'éclairage propice du soleil, je les ai vues ! Stupéfaite et ravie ! Un ami archéologue autrefois m'avait bien dit qu'on ne trouvait que ce que l'on cherche… A mon grand regret, je n'en ai pas trouvé d'autres. La gravure d'un patronyme « A M Abard », semble-t-il, plus récente car inscrite dans du ciment, figure sur la façade Nord, sous une fenêtre. C'est Josie, l'une des agents d'entretien, qui me l'a indiquée.

L'examen des bâtiments, comparé aux cartes postales anciennes, laisse apparaître les traces des anciennes cheminées, montre que l'aile Nord extrême, perpendiculaire au corps de bâtiment principal, a été construite en deux étapes avec ajout d'étages. C'est pourquoi sans doute les fenêtres ne sont pas identiques aux autres.

16. BORT-les-ORGUES (Corrèze) - L'Ecole Marmonnel, coté Sud

Le voisin le plus proche du collège actuel, au fond de l'impasse improprement appelée « rue » des Ecoles, Monsieur F., se souvient vaguement que lorsque le terrain sur lequel il a fait construire sa maison a été acquis dans les années 1960 ou avant, son père lui a dit qu'il y avait vraisemblablement existé un cimetière à cet endroit. Or quoi d'étonnant ? On peut supposer qu'effectivement les très lointains Minimes étaient enterrés à proximité de leur cloître, dans le plus simple dépouillement. Quel dommage de ne pas avoir pu mener une recherche d'ordre archéologique à cet endroit… ou tout au moins ne plus pouvoir recueillir ce témoignage…

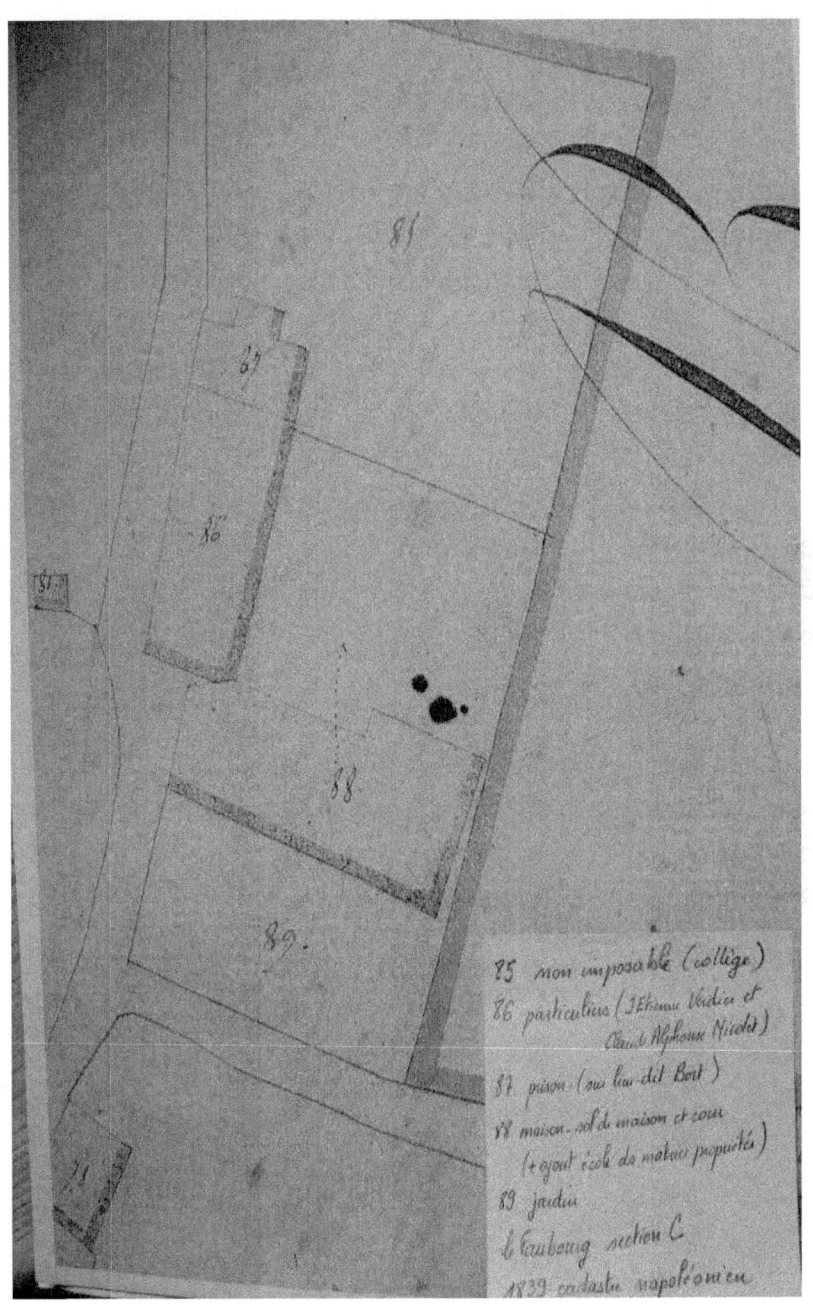

85 non imposable (collège)
86 particuliers (Etienne Verdier et Claude Alphonse Nicolet)
87 prison (ou lieu-dit Bort)
88 maison - sol de maison et cour (+ ajout école de nature propriétés)
89 jardin
le Faubourg section C
1839 cadastre napoléonien

Comme ce serait étonnant et amusant de pouvoir remonter le passé sur ces lieux précisément ! En 1839, le cadastre napoléonien indique que les terres concernées font partie du Faubourg, section C2 pour les parcelles 85 (collège et   jardin, propriétaire : Commune, non imposable), 87 (prison), 86 (M. Verdier Jean Etienne et Nicolet Claude Alphonse, propriétaires), 88 (maison, sol de maison et cour, le terme école est ajouté dans la matrice cadastrale des propriétés bâties et non bâties), 89 (jardin)… Et plus avant encore ? En 1791, il existe un « pré-cadastre » en quelque sorte dont les archives départementales permettent de consulter, dans le dépôt des communes, le relevé des propriétés. En G2 section E sont identifiées les propriétés numéro 186, 187 et 188, répertoriées comme Bien National et comprenant maison et église, jardin potager et parterre, la 189 comme « pré planté d'arbres à fruits » (quelle belle expression champêtre) et la 190 comme maison. Mais il n'y a pas le plan correspondant…

Tous ces éléments recoupent cependant et confirment ce que l'on sait par ailleurs : qu'il y eut bien une prison en ces lieux, une église (et couvent) qui furent vendus comme biens nationaux après la Révolution (la municipalité fut accueillie en ces lieux de 1791 à 1795), une école élémentaire (le collège communal est fondé en 1820).

Chapitre IV
Un couvent et une prison

Tout le monde vous le dira, l'aura entendu dire : avant le collège Marmontel, il y eut un couvent (ce qui n'est pas sans évoquer, pour certains, des sœurs à cornette, mais l'image est fausse : il s'agissait de frères). Des bâtiments conventuels, en témoignent trois pierres qui sont dans l'entrée du bâtiment actuel mais de quels éléments architecturaux s'agit-il ? Je l'ignore…

1920 - Le Couvent des MINIMES

Une photo d'autrefois illustre la couverture d'un numéro spécial de la
« Vie municipale », intitulée « Reflets et images, Bort-les-Orgues 1900-
2000 », photo que l'on trouve aussi dans la rubrique du temps passé du
numéro 35 de février 1994 de la revue municipale, où l'on voit les
bâtiments qui ont précédé le collège actuel, avec pour légende « le
Couvent des Minimes avant sa démolition en 1928 ». Sauf que ce n'était
plus le couvent mais le collège municipal reconstruit en 1882-83 et il n'y
a plus d'église ni de cloître à deviner sur ce cliché noir et blanc bien
vieillot, comme je l'ai cru assez longtemps… Une carte postale de 1902
permet d'entrevoir également ces bâtiments en bas à droite.

Donc, couvent il y eut : « Le couvent des oiseaux » selon la formule de l'un des usagers, dit Jeannot, par ses collègues du XXème siècle... Pourquoi « des oiseaux » ? Ce collègue a-t-il été sensible, comme moi, aux chants mélodieux de la gent ailée qui niche dans les parages : pinsons, merles, sitelles et mésanges qui s'égosillent à six heures du matin dès que les jours rallongent ?

Ou bien a-t-il été témoin, comme moi, du rassemblement des hirondelles sur la façade ouest du bâtiment peu de temps avant leur départ vers des contrées plus chaudes pour la période hivernale ? Mais il s'agit plutôt, sans doute, d'une référence culturelle à Saint François, pas celui d'Assise cependant, nous allons y venir.

J'ai voulu reconstituer l'histoire de ces bâtiments religieux, d'après les écrits de M. Roques, tous publiés dans les revues municipales d'avant l'an 2000, à la - très riche - « rubrique du temps passé », lui-même tenant ces informations des documents de Jacques et André Sirat, documents dont nous ignorons précisément ce qu'ils sont devenus, hélas. Les deux ouvrages, catalogues des expositions qui se sont tenues à Ussel en 2007 et 2008 sur les bâtiments religieux : abbayes, couvents et prieurés, paroisses, églises et chapelles disparus du pays d'Ussel, m'ont été précieux également, confirmant les écrits dont j'avais eu connaissance précédemment et m'évitant d'aller revisiter des archives nationales, mais je n'ai pu m'empêcher d'aller consulter les richesses des archives départementales qui m'ont donné de belles surprises à savourer…

En **1415 ou 19**, un acte notarié cite la **chapelle Saint Etienne**, dans le « faux-bourg », c'est-à-dire cette zone hors du bourg de Bort, sur la rive gauche de la Dordogne, côté Cantal. Peut-être, disent nos sources, se nomme-t-elle aussi **Notre dame de la Consolation**, à moins que ce vocable ne désigne un petit oratoire voisin… « Cette chapelle St Etienne confondue ou voisinant selon les sources avec un oratoire de Notre Dame de la Consolation était couplée avec un couvent cité dans une note manuscrite –des religieux de St François de Paule y étaient attachés et fondèrent un couvent qui fut abandonné et vendu- » (sic René Roques in n° 41 janvier 96 de la Vie Municipale). Poursuivons avec notre interlocuteur : « Si en 1623 le roi permit l'établissement d'autres religieux, en 1665 les franciscains Minimes s'emparèrent de la chapelle malgré les protestations des prêtres filleuls qui l'avaient restaurée »

Les documents d'archives de l'abbé Jules Pau (XIXème siècle) et son essai d'histoire de la ville de Bort (inédit), nous enseignent que la chapelle St Etienne servait aux habitants du faubourg et à ceux des paroisses voisines, car plus à leur portée que leur paroisse respective. « Des religieux de St François de Paule y fondèrent un couvent. Les religieux minimes qui se fixèrent dans le faubourg de Bort vers le milieu du XVIIème siècle (1665), dont l'établissement était dû à la générosité d'une dame de la paroisse de Sarroux…/…(?) de St Exupéry furent dispersés pendant la tourmente révolutionnaire et leurs biens vendus comme ceux de leurs frères en religion…/… Leur couvent, et même leur chapelle, après avoir été transformé d'abord en collège communal et après en école de garçons tenue par les frères des écoles chrétiennes est devenu aujourd'hui une école gouvernementale laïque…/…les chapelles sont aujourd'hui détruites, tout a été vendu, seul subsiste un petit oratoire » Voilà qui résume l'histoire du couvent des minimes à Bort. Le Père Antoine Thomasset était le Supérieur des Frères minimes en 1729, comprend-on à la lecture de divers documents relatifs à des ventes, baux ou procès contemporains.

Qui sont les Minimes ? Ce sont les « tout petits », des ermites mendiants dont l'ordre a été fondé en 1436 par Saint François de Paule. Ces prêtres et religieux cherchent à vivre une vie de pénitence permanente, dans un grand dépouillement et font vœu de carême perpétuel. Ils n'appartiennent pas aux Franciscains, ni aux Bénédictins, ni aux Augustiniens dont ils empruntent cependant beaucoup d'éléments. Les trois règles de leur ordre ont été rédigées en France à la fin du XVème, début du XVIème siècle. Leur implantation fut inégale et ne concerna ni le diocèse de Limoges ni celui de Tulle mais ils furent présents en Auvergne en cinq maisons différentes.

Les Minimes : emplacement et bâtiments attestés sur les documents consultés aux archives nationales par Jean Loup Lemaître, inclus dans ses deux ouvrages consacrés aux édifices religieux disparus du pays d'Ussel, c'est-à-dire *le plan de Truchet** en *1705* (indication : les minimes), *la carte de Nolin** (avec symbole graphique signifiant communauté d'hommes) aux *XVIIème-XVIIIème siècles*, sensiblement plus explicite que la *carte de Cassini** (réalisée entre 1780 et 1815) et celle de *Cornuau** à la même époque, tandis que le plan de Bort dans *l'Atlas départemental de la Corrèze, en 1875*, montre de façon explicite « la prison et l'ancien couvent des Minimes, école communale et pensionnat de jeunes gens ». Les parcelles 186, 187 et 188 retrouvées dans cet inventaire des propriétés de *1791*, ce qui augure du cadastre à venir en 1839, indiquent que ce sont des biens nationaux, maison et église, jardin potager et parterre. Les parcelles 87 et 88 du *cadastre napoléonien de 1839* indiquent prison appartenant à la commune de Bort et maison, cour et collège sur le faubourg.

*Truchet : auteur de la Carte particulière de la rivière Dordogne, feuille 15, cité par Jean-Loup Lemaître (Arch. Nat. K1179, n°4, F.15)
*Nolin : Jean Baptiste, 1657 ?-1708, graveur éditeur d'estampes (mais pas cartographe), géographe ordinaire du Roi en 1701
*Cassini : la famille Cassini, père (Jacques) et fils (César-François et Jean-Dominique), au XVIIIème siècle – la carte de Cassini ou carte de l'Académie, première carte topographique et géométrique du royaume de France dans son ensemble. La carte d'Etat-major remplacera celle-ci au XIXème siècle.
*Cornuau : un des ingénieurs de Cassini, 1780

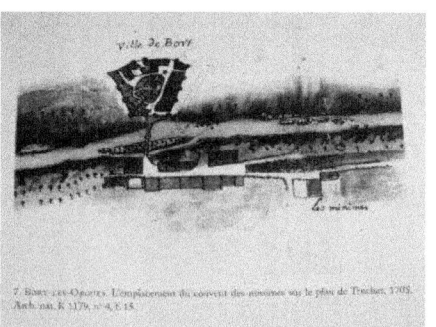

7. Bort-les-Orgues. L'emplacement du couvent des minimes sur le plan de Truchet, 1705. Arch. nat. K 1179, n° 4, f. 15.

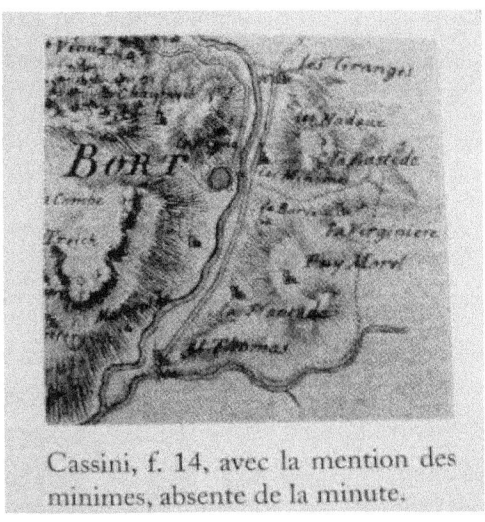

Cassini, f. 14, avec la mention des minimes, absente de la minute.

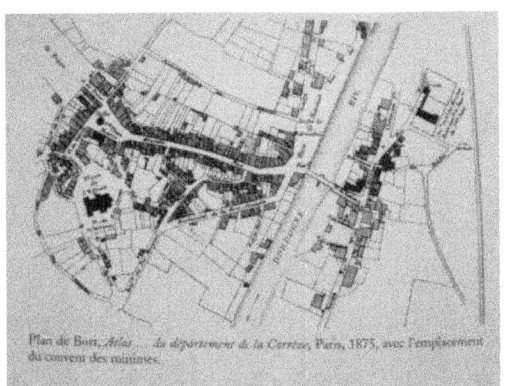

Plan de Bort, *Atlas... du département de la Corrèze*, Paris, 1875, avec l'emplacement du couvent des minimes.

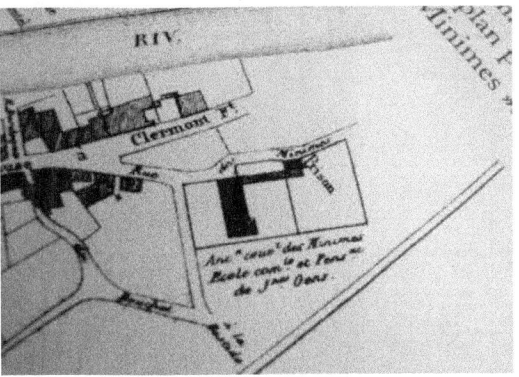

En **1768** il y a trois frères au couvent de Bort, en **1789**, ils sont quatre religieux. A cette époque de la révolution française, le gardien déclare que les bâtiments se composent de : une maison avec église, deux ailes de cloître, deux dortoirs de plusieurs chambres et une bibliothèque de quatre cent soixante-six volumes « en différents formats, très usés ». Deux cloches occupent le petit clocher.

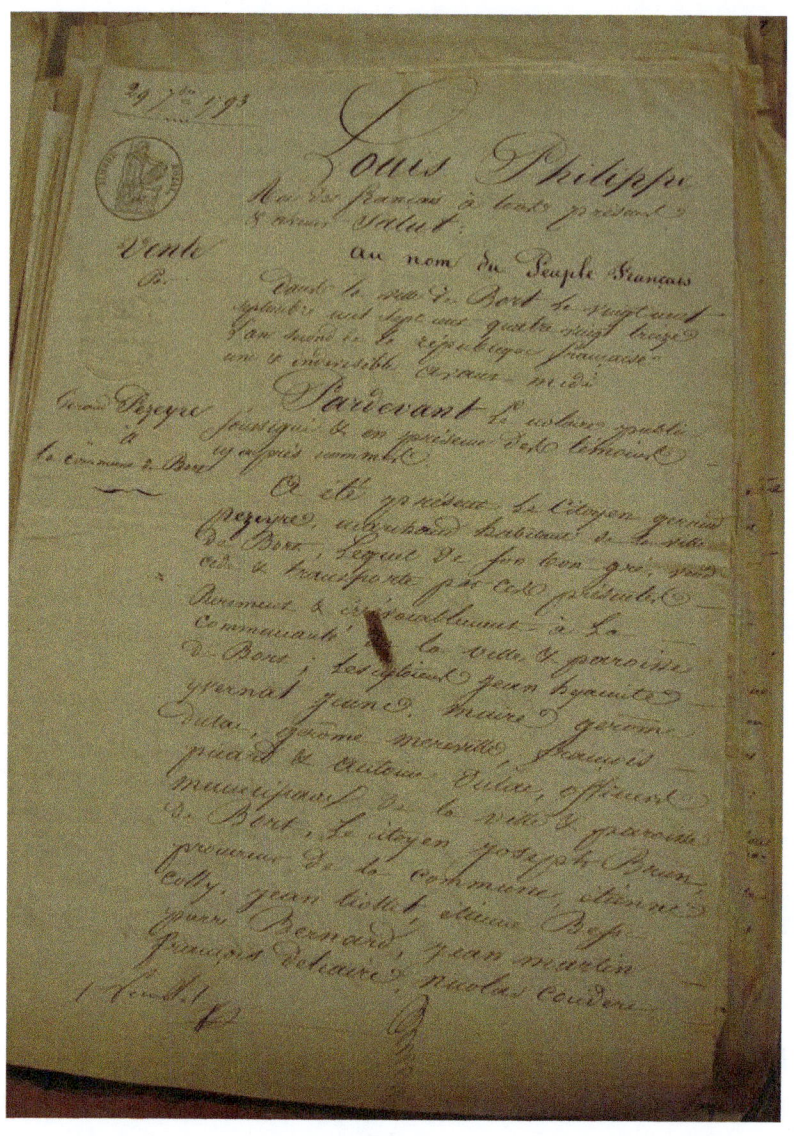

Au printemps **1793**, tandis que d'autres particuliers, Pierre Rodde et un certain Dalbois, acquièrent des pièces de terre, pré et chènevier dépendant des Minimes, Gérard Pezeyre, marchand à Bort obtient, lui, « ensemble et dépendances des cy-devant minimes » (maison, écurie, église, jardin et parterre) comme bien national et le revend à la commune le 29 septembre 1793 pour huit mille livres. La commune en revendiquera toujours la propriété mais dès le début il est noté que : «...les bâtiments de l'ancien couvent des Minimes acquis nationalement par cette ville…/... la maison les minimes, concédée par le gouvernement à cette commune, fut trouvée dans un état plus que délabré » et cela ne va pas s'arranger…

Le 1er fructidor an X, soit 19 août **1802**, compte tenu de l'organisation de l'instruction en France, un local, « au ci devant des Minimes », est remis à l'instituteur de l'école primaire, Louis Roger, « pour servir d'école » mais les élèves pourront être reçus dans la grande salle du rez-de-chaussée « pendant la durée des leçons » ; la mairie et la justice de Paix (et sa « salle d'*audiance* ») occupent cette partie, tandis que le premier étage avec ses onze chambres est réservé au logement de la « gendarmerie à cheval de Bort » qui jouit également d'un grenier pour l'approvisionnement en fourrage, d'un magasin à avoine, d'une vaste cour, d'un jardin avec fontaine et réservoir pour abreuver les chevaux, d'une sellerie, de six caves et d'une salle de police.

La présence de la mairie est attestée depuis **1801** ; dans un extrait du registre des procès-verbaux du conseil municipal, je note en date du 29 primaire an X de la République Française, soit 20 décembre 1801, « ...l'acquisition qu'avait faite le citoyen Gérard Pezeyre de la maison des ex Minimes qu'il (céda?) à la Commune…/...son acquisition a toujours été destinée à l'usage du gouvernement soit en la faisant servir… pour le logement des troupes de passage…/… soit en la faisant servir encore aujourd'hui avec la présence de la gendarmerie, en y logeant l'instituteur et en y établissant la geôle et l'appartement du geôlier…/...l'administration précédente qui était au prieuré fut autorisée par le département de la Corrèze de <u>transporter ses archives du prieuré</u> <u>dans la</u> dite maison des ex Minimes »…

Et la prison, successivement dénommée geôle, maison de sûreté ou de détention, dépôt ou chambre de sûreté, et même dépôt pour les femmes vagabondes ! Au XIXème siècle, le dépôt, différemment de la prison, permanente, est une prison temporaire et provisoire, considéré comme un refuge notamment pour les femmes prostituées et les vagabondes car : « …il faut bien séquestrer ces femmes qui ne peuvent se réclamer de personne et que l'on peut considérer comme de véritables vagabondes, jusqu'à ce qu'on ait reçu la réponse aux demandes que l'administration adresse aux autorités de leur pays, il est évident que le dépôt est pour cette classe un refuge tout naturel... ».

En 1808, le brigadier de la gendarmerie de Bort dépose une plainte auprès de ses supérieurs au sujet de la dangerosité des lieux, son délabrement propice à l'évasion des prisonniers, « l'appartement servant de chambre de sûreté ou pré dépôt pour les individus conduits par la gendarmerie…/… des *mendians* arrêtés et déposés en la geôle…/… » ; dès 1805 le sous-préfet demande qu'on « empêche le dépérissement total de cet édifice », s'apitoie sur le sort d'éventuels prisonniers car « il pleut comme dans la rue par le manque de charpente et toiture au-dessus de la chambre de sûreté » ; une tentative d'évasion a eu lieu (vraisemblablement pendant que le geôlier, qui est aussi le palefrenier des gendarmes, vaquait à ses occupations), on a saccagé des éléments qui tenaient encore debout, le brigadier craint que ses gendarmes (pas plus de quatre à cinq dans cette brigade) ne périssent ensevelis dans l'effondrement total de l'édifice, toiture et charpente, « une partie ayant déjà croulé ».

La situation s'avère donc catastrophique, des réparations plus qu'urgentes et indispensables sont réclamées. « Attendu que dans la commune de Bort il a été impossible de fournir à la brigade de gendarmerie un logement collectif... » est-il déploré en 1810 , alors même que la gendarmerie occupe toujours les deux tiers des bâtiments des Minimes, les gendarmes sont logés individuellement chez des particuliers qui louent leurs biens, ou collectivement ; parfois ces logements quasiment transformés en casernes ont bien besoin eux aussi de travaux, c'est le cas pour le bâtiment que Joseph Pezeyre-fils loue à cet effet en plein centre-ville, rue principale à Bort, de 1832 au moins à 1841 ; ces bâtiments, explique son propriétaire, possèdent « une issue d'une part à la Grande Rue, de l'autre à la rue appelée du Bessac, celle-ci facilitant la sortie de la gendarmerie dans *ses excursions secrètes* » ; le service des bâtiments départementaux fait établir un plan de rénovation... D'autres propriétaires proposent leurs biens, vantant leurs divers avantages, place Marmontel par exemple... Il semble cependant que la geôle soit toujours restée en lieu et place aux Minimes. Mais alors que les gendarmes touchent des indemnités de logement dans ce cas de figure, il semble pourtant qu'ils continuent parfois d'occuper les lieux aux Minimes et cela est dénoncé par le maire, il n'y a sans doute pas de sot profit !

Des travaux sont envisagés, le maire demande une répartition de la dépense « pour les réparations urgentes à faire au dépôt de sûreté établi à Bort » entre les communes voisines du canton mais toutes souffrent d'un manque de finances et rechignent, l'un des maires cependant offre de participer sur ses deniers personnels !

J'ignore comment les choses ont évolué... En 1850 le bail est renouvelé pour le 1er janvier 1851 : « M. Forsse au nom de la commune de Bort donne au département pour bail à loyer de neuf années consécutives pour servir au logement de la brigade de gendarmerie une partie des bâtiments des Minimes sis sur le bord de la route royale n° 122 de Toulouse à Clermont Ferrand… la commune est propriétaire en vertu d'un acte de vente qui lui a été fait le 29 septembre 1793 par le sieur Gérard Pezeyre devant le sieur Chassaing, notaire à Bort et enregistré…/… Monsieur le maire s'oblige à faire exécuter aux bâtiments des Minimes les réparations nécessaires à leur _nouvelle_ destination... » et le Préfet déclare « prendre à ferme les bâtiments des Minimes… pour y loger la brigade de gendarmerie à cheval de Bort dans cette _nouvelle_ caserne »… Nouvelle ? Vraiment ? La gendarmerie aurait quitté les lieux en 1860 mais la geôle et son geôlier existent encore en 1869 ; on sait combien l'école qui cohabite en ces lieux, souffre de la vétusté des bâtiments… Tout cela est bien étrange et me laisse perplexe, il manque des pièces à mon dossier, c'est frustrant. Ah, si on pouvait visiter le passé, incognito…

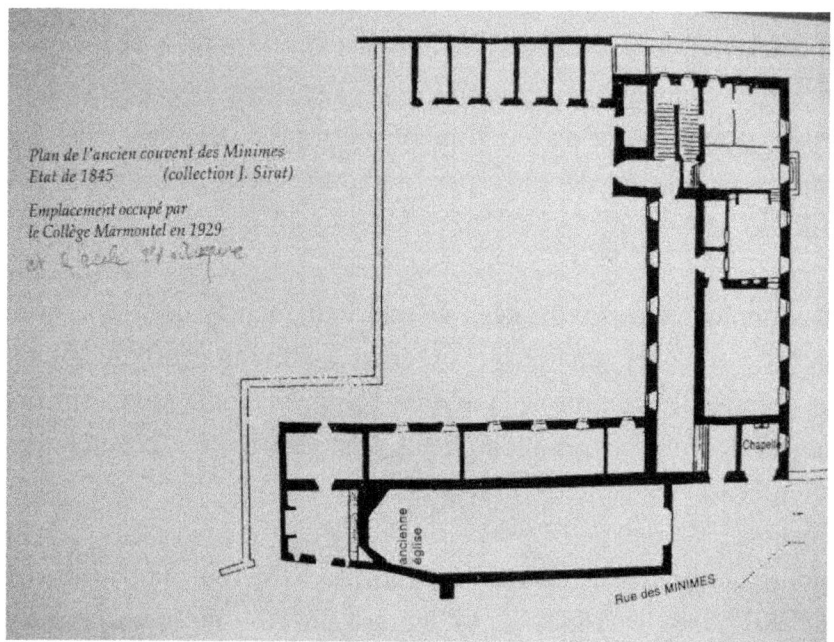

Plan de l'ancien couvent des Minimes
État de 1845 (collection J. Sirat)

Emplacement occupé par
le Collège Marmontel en 1929

ancienne église

Chapelle

Rue des MINIMES

Quoi qu'il en soit, un **collège communal** est fondé en **1820** ; Jacques Sirat possédait un **plan** datant de **1845**, de l'ancien couvent, avec église et chapelle. En **1852** cette école est tenue par **les Frères des écoles chrétiennes**. Ceux-ci ne sont pas des prêtres mais des instituteurs voués à l'enseignement et la formation des jeunes, en particulier des plus défavorisés. Cet institut fondé en 1680 par Jean Baptiste de La Salle connaîtra une histoire un peu mouvementée. Il s'agit d'une congrégation laïque masculine mais les Frères, qui ont prononcé les vœux de pauvreté, chasteté et obéissance, portent une soutane noire à rabats blancs.

Si les locaux étaient restés tels que l'histoire locale les a connus, nous aurions pu, à l'exemple de Barjavel, éprouver ces émotions chargées de mystère, telles qu'il les évoque en quelques lignes superbes dans le roman intitulé « Tarendol » paru en 1980 : « Dans l'ombre des classes vides qui se souviennent avec le soir d'avoir été des cellules, s'allongent les ombres des hommes de bure. L'écho des pierres a pénétré les murs, s'est pétrifié dans leur silence. Prières angoissées des heures de solitude où reviennent les images du siècle et les tourments de la chair. La page d'un livre ouvert sur la table tourne seule. Fantôme, tourbillon noir au remous d'un couloir, le pan obscur d'un fantôme de robe devant le pas vivant des deux garçons redevient un morceau de nuit…/… L'odeur froide de l'encre et de la craie tombe épaisse au ras du sol d'où montent les balancements furtifs des souvenirs d'encens. »

Le 7 septembre 1842 le recteur confirme à l'inspecteur que « la commune de Bort a affecté les bâtiments de l'ancien collège de cette ville à une école communale, à une caserne de gendarmerie, à un hôpital et aux prisons » bien que ce ne soit pas envisageable ! En décembre de cette même année, un inspecteur délégué (par le Ministère ?) constate :« Je dois informé *(sic)* que l'école publique de la commune de Bort placée dans le même local que la gendarmerie est située au rez-de-chaussée tandis que la gendarmerie occupe le premier étage de l'établissement, que le passage des gendarmes établi immédiatement au-dessus de l'école est une cause permanente de distraction pour les élèves », il demande que des aménagements soient faits mais un mois plus tard, le sous-préfet en tournée à Bort note que « les inconvénients n'existent pas » du fait de la configuration de l'escalier que les gendarmes empruntent, au fond d'une salle d'étude… Bienveillance extrême ?

En **1860** est créé le premier **internat** dans les locaux semble-t-il laissés vacants par la gendarmerie qui s'installe avenue Victor Hugo… Mais la prison figure encore sur la carte de **l'atlas départemental de la Corrèze** en date de **1875** sur laquelle nous lisons : « Ancien couvent des Minimes, école communale et pensionnat de jeunes gens ». Toujours est-il qu'il y aurait eu deux cents élèves en **1870** et quatre vingts internes en **1878** ! Et la rue -des Ecoles, aujourd'hui- s'appelait rue des Minimes…

Des éléments de correspondance entre Maire, Sous-Préfet, Préfet et Directeur des prisons des départements de Corrèze et Dordogne, **courant 1869** (archives départementales à Tulle, cote 4N34) m'autorisent à rapporter un épisode un peu anecdotique. Il s'agit de la nomination du sieur Coustein (ou Courtein ? ou Cousteix (?) Michel, fabricant de galoches, âgé de 24 ans, comme « gardien du dépôt de sûreté de Bort », en remplacement de Poumarat, son beau-frère, « geôlier de la maison de dépôt », décédé. Maire et Sous-Préfet demandent que le traitement de Coustein ne soit pas abaissé à 50Fr comme le fixe l'autorité supérieure mais maintenu à 100Fr, montant du traitement du prédécesseur. La nomination de Coustein « aurait pour avantage de conserver à la veuve Poumarat et à ses six enfants qui sont dans la plus grande misère, un logement et une modique indemnité » écrit le Sous-Préfet qui soutient la proposition du Maire. Ce dernier, quant à lui, dit de Coustein qu'il « suit avec succès le cours d'adulte qu'il a créé à Bort » et le Sous-Préfet d'ajouter qu'il « sait assez bien lire et écrire pour pouvoir tenir le registre d'écrou ». Cela justifiant selon eux deux le maintien du traitement à 100Fr. Mais les autorités supérieures estiment que « le peu d'importance du service (il y a donc peu de prisonniers à Bort !) plus la jouissance du logement pour lui et sa famille » autorisent à réduire le traitement à 50Fr. Donc, « avant d'entrer en fonction, le sieur Coustein prêtera serment entre les mains de Monsieur le Maire de Bort que nous déléguons à cet effet » écrit le Préfet en mars 1869.

Mais il lui est aussi demandé que la prison soit transférée à la caserne de gendarmerie, ainsi le dépôt de sûreté (donc prison) serait converti en chambre de sûreté (donc lieu de détention provisoire en attendant un transfert en maison d'arrêt), ce à quoi la réponse du préfet et du Ministère est négative car « la caserne de gendarmerie est à peine suffisante pour loger la brigade ». Ces quelques notes suffisent à nous interpeller : prison et gendarmerie ne coexistaient donc plus géographiquement en 1869 . Mais alors, quand la prison a-t-elle disparu du paysage bortois ?... Sans doute cela mériterait-il un autre travail de recherche au Service Historique de la Gendarmerie Nationale (SNGH) à Vincennes ou autre lieu de dépôt des archives militaires…

Toujours est-il qu'en 1879 la municipalité de Bort adopte l'enseignement laïque. La silhouette de Jules Ferry rôde par là, les lois de 1881 et 1905 ne sont pas loin.
Une nouvelle ère s'ouvre ; en 1929 naîtra l'ensemble scolaire Marmontel, ceci est un autre épisode de notre histoire.

Chapitre V
Une école au fil de l'histoire.

Comment le collège Marmontel s'inscrit-il dans la grande histoire du système éducatif ?

Je n'ai pas l'ambition de retracer ici l'évolution de la scolarisation en France car de multiples ouvrages existent sur ce sujet et de nombreux écrits sont en ligne également. Néanmoins j'ai essayé de mettre en parallèle quelques étapes afin de voir comment on a pu traduire les soubresauts de l'Education nationale au niveau local. Ce faisant, au fur et à mesure de mes investigations, des interrogations sont nées et j'ai voulu apporter des réponses à ces quelques questions un peu à la marge, mais je veux les partager et je fais le choix de les transcrire ; cela parlera aux gens de ma génération essentiellement, suscitera peut-être des sourires ou autres signes de connivence.

Dans l'histoire de l'Ecole, il s'avère que la fréquentation des locaux scolaires a souvent été très irrégulière, les pauvres et les couches populaires s'en sont souvent trouvés exclus pour diverses raisons. L'école a été rarement gratuite quand elle restait dépendante des autorités municipales ou religieuses par le passé, quand les maîtres étaient peu ou pas formés et pas rétribués par l'Etat.

L'enseignement primaire a longtemps été négligé ; un Voltaire ou un Rousseau ne jugent pas utile d'instruire les pauvres, il n'existe pas de demande populaire, Bonaparte n'a que l'enseignement secondaire et supérieur comme préoccupations. Le XIXème siècle est représentatif de nombreuses tergiversations : courtes périodes libérales ou révolutionnaires pendant lesquelles les milieux populaires sont véritablement pris en compte et périodes réactionnaires favorables à la formation d'élites au service et sous contrôle de l'Etat, alternance d'essais et projets que l'on peut qualifier de réellement démocratiques et retours à une école sélective très inégalitaire. Le fossé entre enseignement populaire, parfois médiocre, et enseignement élitiste, fortement conditionné par l'Eglise, jésuite en particulier dès le XVIème siècle, est un héritage de l'Ancien régime qui a tendance à se reconstituer assez spontanément dans les mentalités de toutes les époques.

En 1833 cependant, la loi Guizot pose en partie les bases de l'enseignement primaire mais ce n'est qu'en 1882, avec les lois Ferry, que cet enseignement devient obligatoire, laïque pour les garçons et les filles de 6 à 13 ans (**l'obligation scolaire** sera portée à 14 ans en 1936, puis à 16 ans en 1959), ce qui augure d'une alphabétisation généralisée, bien que ce soit inégalement accepté voire synonyme d'embourgeoisement.

C'est une histoire assez confuse (par le vocabulaire en tout premier lieu, un même mot ayant pu désigner des structures différentes ou parallèles) que celle de l'Ecole au XXème siècle tant il semble compliqué de mettre en place enseignement primaire et enseignement secondaire qui prennent en compte les évolutions de la société et des mentalités, les besoins et les désirs parfois contradictoires. La voici en quelques mots, s'ils s'avèrent réducteurs, voire inappropriés, qu'on veuille me le pardonner.

Avant 1959, l'école primaire élémentaire conduit au certificat d'études primaires élémentaires (CEP qui sera officiellement supprimé en 1989). A la fin du Cours Moyen l'élève peut suivre quatre années en cours complémentaire (et obtenir son brevet élémentaire –BE) ou en école primaire supérieure –EPS- pour les meilleurs (afin de préparer leur entrée à l'Ecole Normale, ce que l'on finit par faire aussi en cours complémentaire) ; on trouve également des classes élémentaires dans les lycées (ce sont les petites classes des lycées ou petits lycées, supprimés en 1945 mais en vérité seulement en 1960), payantes, réservées de fait à des privilégiés. Seuls les lycées et collèges (municipaux) préparent au baccalauréat et à l'enseignement supérieur.

En 1941 les écoles primaires supérieures sont transformées en collèges. Elles préparent au BEPC (Brevet d'Etudes du Premier Cycle qui remplace le BE en 1947, jusqu'en 1977, puis ce Brevet des collèges devient Diplôme national du brevet –DNB- depuis 1987).
1959 : les cours complémentaires sont transformés en Collèges d'Enseignement Général (CEG) qui n'assurent pas de formation classique. Des Professeurs d'Enseignement Général de Collège, PEGC, bivalents, issus du corps des instituteurs à partir de 1969, y exercent.
1963 : les Collèges d'Enseignement Secondaire (CES), à côté des CEG, regroupent les Collèges et premiers cycles (petites classes) des lycées. Des professeurs certifiés ou agrégés y exercent. On distingue les sections : classique ou moderne long, moderne court, transition et pratique (ces dernières prenant la place des sections de fin d'études du primaire ; en 1976 seront créées les classes de CPPN et CPA –classes pré professionnelles de niveau et classes préparatoires à l'apprentissage).

La réforme Haby, en 1975, est à l'origine du collège unique sur la base des CEG et CES réunis désormais sans plus de distinction ni filières, en principe…

Pour ce qui concerne les enseignements techniques : de 1944 aux années 59-60 existent les centres d'apprentissage qui conduisent entre autres aux

CAP. Ceux-ci deviennent CET (Collèges d'Enseignement Technique) le BEP est créé. En 1959 toujours, les Lycées techniques d'Etat remplacent les écoles professionnelles. Les LEP (Lycées d'enseignement professionnel) apparaissent en 1976, les bacs professionnels sont créés en 1985, et enfin les LP (Lycées professionnels) en 1986.

Fort bien, m'objectera-t-on, mais qu'en est-il de nos écoles à Bort-les-Orgues ? de notre collège actuel dit Marmontel ? Ce que je sais sans plus de précisions bien souvent, pour l'avoir découvert au cours de mes lectures…

Au XVIIIème siècle, Jean François Marmontel par exemple, fils d'un tailleur pauvre, a appris à lire au couvent de l'Immaculée Conception de la Vierge à l'école de l'abbé Vayssière à Bort. Il rejoint ensuite à onze ans le collège jésuite de Mauriac d'où il est exclu vers la fin de sa rhétorique, puis est placé en apprentissage à Clermont Ferrand par son père, mais réussit à poursuivre ses études, jusqu'à devenir ce que l'on sait. Mais il n'a pas été élève aux Minimes de Bort…

Si l'enseignement élémentaire a vraisemblablement existé aux Minimes depuis le début du XIXème, il a côtoyé le secondaire de façon aléatoire. Un **collège communal** est fondé à Bort en **1820,** il y accueille les garçons jusqu'en 1832. L'enseignement élémentaire, dans les petites écoles, était assuré la plupart du temps par des congréganistes, en l'occurrence en ce qui nous concerne, **les Frères des écoles chrétiennes** (congrégation fondée en 1663 par J.B de la Salle) auxquels cet enseignement est confié par la municipalité en **1852**. Ce sont des laïcs qui ont fait vœu de pauvreté, chasteté et obéissance, portent la soutane cependant et se dévouent gratuitement à l'instruction et l'éducation des enfants des milieux populaires. Méprisés, sans doute par leurs pairs relevant d'autres obédiences, on les a qualifiés en leur temps de « frères ignorantins »…

A Bort ils occupent « notre » ancien couvent et voisinent en ces lieux avec la gendarmerie qui déménage en 1860 avenue Victor Hugo (aujourd'hui elle se trouve avenue Jean Jaurès). Un internat (« pensionnat de jeunes gens ») est créé à cet emplacement, par arrêté municipal et cédé aux Frères : **l'école des Minimes**, ce sont 5 classes et 200 élèves en **1870**, 80 internes en 1878. Une école pour jeunes filles existe sous la responsabilité de la communauté du « Bon Pasteur ». Bien que l'encadrement, dans ces écoles, relève de l'autorité religieuse, la municipalité, par ses subventions, s'efforce de garantir la gratuité de l'enseignement.

En **1877** une **école primaire supérieure** existe-t-elle comme on le souhaite (la loi Guizot de 1833 a créé les écoles primaires élémentaires, les primaires supérieures et les écoles normales primaires), et sera-t-elle remplacée par le **cours complémentaire** en **1886** qui côtoie **l'école primaire de garçons** ? La municipalité,(au cours d'une « séance mouvementée » et des « débats âpres », car certains souhaitent que les Frères continuent à enseigner à Bort -sic n°4 de la Vie municipale de Bort, avril 1984) adopte l'enseignement laïque en **1879**, c'est le début des écoles publiques à Bort, avant la mixité actuelle. Un local provisoire (où ?) est attribué pour l'école des filles et c'est en **1890** que les travaux de **l'école primaire des filles** au Pré-Mongeal (école Jules Ferry aujourd'hui) sont achevés.

En **1923** « notre » ancien couvent accueille les écoles c'est-à-dire l'école primaire de garçons, le cours complémentaire, plus l'Ecole Pratique de Commerce et d'Industrie –EPI- dès 1928.

Un **projet de groupe scolaire Marmontel** se précise, approuvé par le Conseil Municipal et le maire J.B Brun. Les travaux s'effectueront en 1928-29-30 : démolition du vieux collège et construction de bâtiments neufs dans lesquels la première rentrée scolaire a lieu en **1929** et ces locaux seront inaugurés de façon mémorable le **29 juin 1930** ; on dénombre alors 22 élèves à l'Ecole Pratique, 15 en industriel, 7 en option commerciale et 6 classes primaires. L'architecte avait signé le plan à Tulle le 10 décembre 1925, sur lequel il était bien spécifié « construction d'une école pratique d'industrie, internat et école primaire de garçons avec cours complémentaire ». L'école avait émigré pendant les travaux, rue de Piechecros dans des installations libérées en 1905 par les Frères – loi de séparation de l'Eglise et de l'Etat - et louées à Monsieur le Curé (sic Vie municipale de Bort n°4). Très vite il va falloir surélever l'aile nord qui ne comporte que le rez-de-chaussée au départ, pour accueillir une puis deux classes supplémentaires. **L'Ecole Pratique d'Industrie** s'est successivement appelée Collège Technique Municipal, Lycée Technique Municipal puis Lycée Technique nationalisé en 1967.

En **1942** on nourrit déjà le projet d'une nouvelle construction. C'est que la cohabitation devient difficile entre l'école primaire, le CEG et le collège technique, les locaux s'avérant exigus. Les classes se délocalisent dirait-on aujourd'hui, en ville* : aux baraquements du Pré-Mongeal (six baraquements ont été construits pour les besoins des réfugiés pendant la seconde guerre mondiale, en 1946 le conseil municipal les a affectés à

---

*[*Mme C., voisine et riveraine rue des Ecoles, se rappelle : en 1962 son mari et elle achètent les murs d'une ancienne maison Durif qui a brûlé, ils font construire en 65 la demeure où elle réside encore ; mais auparavant, deux maisons accolées, dont celle qui a brûlé, étaient louées au collège pour servir de classes : depuis quand ?*].

l'école primaire pour 5 classes, au collège technique pour 3 classes et à l'éducation physique et sportive pour 2 classes, ces baraquements furent démolis en 1960 lors de la construction du Hall), en salle de la Mairie et dans les locaux de l'ancienne école maternelle du fait de la construction de la nouvelle en 1958. Durant ces années de forte croissance démographique et d'afflux de population (liés à la construction du barrage), l'école de la Plantade, créée par EDF puis cédée à la Ville entre 1955 et 1966, et les cours privés du couvent Place de l'Eglise jusqu'en 1962, contribuent également à l'accueil des scolaires.

Un projet est esquissé route de Champs non loin d'ici. En 1959 il sera au point, les bâtiments seront érigés en 1962 et l'externat sera opérationnel en **1964**, date du **transfert du collège technique** dont on a évité le transfert vers Granges, la Plantade, la Cascade, ou ailleurs encore.

Le bâtiment Marmontel prend l'appellation de **CES** en **1966**, trois ans après leur création officielle, mais les internes sont hébergés au **lycée technique** qui est **nationalisé** en **1967** et son CET annexé.
Le CES accueille tous les élèves des CM2 de Bort, Confolent-Port-Dieu, Margerides, Monestier-Port-Dieu, Roche-le-Peyroux, Sarroux, Serandon, St Julien près Bort, St Victour, Thalamy, Lanobre et Beaulieu (ces deux dernières communes relevant du Cantal). Le recrutement s'étend à une partie des cantons de Neuvic (le collège de Neuvic ouvrira en 1988) et Champs (qui fera partie plus tard du secteur du collège de Ydes ouvert en 1965). D'autres élèves viennent également de Cros, la Tour d'Auvergne (jusqu'à ce qu'un collège y soit créé) Vebret ou Marchal. Faute de places à l'internat, les élèves sont demi-pensionnaires et prennent leur repas de midi soit au lycée technique (un car les y conduit), soit à la cantine scolaire.
Enfin l'''école primaire quitte Marmontel en **1970** quand ouvre la nouvelle école Jean Jaurès, mixte.

En **1978**, à Marmontel, on achève les travaux de l'**internat** et de la **demi-pension** sur le terrain dit des Minimes, de l'autre côté de la voie ferrée. Mais cet internat fermera en 2000 (après que les derniers rares internes aient été hébergés au lycée, depuis 1992) et sera désaffecté quinze ans plus tard. (Celui-ci est sans doute arrivé trop tard, de nouvelles habitudes ayant été prises)

Au fil des décennies, divers travaux de rénovation auront lieu au collège Marmontel : création de la galerie couverte en 1991, réhabilitation par le Département et la Ville de Bort en 1996, fin de la première tranche des travaux en 1998, nouveaux bureaux en 2004, fin de la seconde tranche en 2008.

Ainsi l'histoire de notre collège est-elle jalonnée de toutes sortes d'adaptations inévitables liées aux nouveautés nationales et académiques, aux impératifs de la vie locale. Aujourd'hui, sans ambiguïté, on cite le collège Marmontel et le LP Bort-Artense, les deux établissements secondaires de Bort. Les bâtiments de l'un relèvent du Conseil départemental de la Corrèze, les bâtiments de l'autre de la Grande Région Aquitaine.

Mais l'évolution démographique et la perte d'effectifs (un sujet récurrent depuis de longues années déjà), les problèmes économiques en tous genres, les difficultés de recrutement… beaucoup de facteurs sont réunis qui expliquent une certaine morosité, à Bort comme dans les contrées voisines où existe aussi un petit collège rural. Un avenir incertain se dessine…

Mais l'histoire du collège de Bort ne montre-t-elle pas que de tous temps, depuis 1820 en particulier, son existence ou sa survie ont été une question d'actualité ? N'est-ce pas le lot d'ailleurs, des établissements scolaires secondaires d'autres chefs-lieux de canton, ruraux et « déshérités » pour reprendre le terme utilisé déjà en 1930 par l'édile de la commune ?

En résumé :

au niveau national en :	sont créés et/ou renommés :	à Bort, en :
	Collège communal	De 1820 à 1832
	Pension latine	De 1832 à 1838
	pension	De 1849 à 1863 ?
1833	école primaire supérieure (EPS) ?	1877 ?
1886	cours complémentaire (cc)	1886
1892	école pratique de commerce et d'industrie (EPCI)	1928
1942	EPCI > collège technique	1942
1959 à 75	les centres d'apprentissage CA > CET collège d'enseignement technique	
	à Bort : collège technique municipal > lycée technique municipal > lycée technique nationalisé et CET annexé	*1967*
1959	CEG collège d'enseignement général	1960-62 ?
1963 à 79	CES collège d'enseignement secondaire	1966 -68 ?
1975-76	CET > LEP lycée d'enseignement professionnel	
	l'école primaire quitte Marmontel	*1970*
1975	collège	1975
1985	LEP > LP lycée professionnel	

Plus ces quelques questions subsidiaires d'ordre plus général...

Les académies, en tant que circonscriptions administratives du ministère de l'Education nationale, datent de 1808. Elles ont été créées par Napoléon, il y en eut 18 pour commencer, liées aux universités impériales. Puis 40 en 1814 compte tenu de l'extension de l'Empire, avec, par exemple, l'académie de Rome, ou Genève, ou Munster... On en compte 20 en **1848** et l'on constate que les départements du Cantal, du Gers, du Lot, du Lot et Garonne et de la **Corrèze** font partie de...

l'académie de Cahors tandis que la Haute Vienne est rattachée à Poitiers et la Creuse à Bourges ! En 1850 la loi Falloux prévoit une académie par département, ce qui resta sans suite, en **1854** on revient à 16 académies : les départements de l'Allier, du Cantal, de la Creuse, de la Haute Loire, du Puy de Dôme et de la **Corrèze** font partie de **l'académie de Clermont Ferrand** (et la Haute Vienne toujours de Poitiers) jusqu'en 1962, quand sont créées des académies aux limites harmonisées avec les circonscriptions d'action régionale. Le 1er octobre **1965**, la **Corrèze**, la Creuse, la Haute Vienne reconstituent **l'académie de Limoges** telle qu'en 1808.

Ministère de l'Education nationale : ce ministère n'a pas toujours été dénommé ainsi. Au gré des remous politiques, parfois violents, et priorités gouvernementales, tout au long du XIXème siècle et début du XXème, il s'est appelé : *Ministère des Affaires ecclésiastiques et de l'Instruction publique* en 1824, puis ministère de *l'Instruction publique et des Cultes*. En 1832 il est *Ministère de l'Instruction publique. Et des Cultes* en 1848 jusqu'en 1869, *et des Beaux-Arts* quelque temps après. Pendant à peine trois mois apparaissent les mots enseignement technique en 1924 : *Ministère de l'Instruction publique, des Beaux-Arts et de l'Enseignement technique*. C'est en 1932 qu'il devient *Ministère de l'Education nationale*. Mais en 1941-42 c'est un *Secrétaire d'état à l'Instruction nationale et de la Jeunesse* qui préside aux affaires scolaires… Il redevient Education nationale, de temps à autre on ajoute *de la Recherche* ou *de la Jeunesse et des Sports*, ou *de la Culture*. (cf site internet « le temps des instituteurs »).

Quant au mot ***instituteur***, il remplace le *régent* à la Révolution française et devient *Professeur des écoles* avec la réforme Jospin en 1989 (qui remplace les Ecoles Normales par les IUFM – instituts universitaires de formation des maîtres) mais comme j'ai pu le lire ici ou là, et l'entendre dans la bouche des élèves d'aujourd'hui encore, il reste *le maître* ou la *maîtresse d'école…*

Une loi de 1882 pour le primaire et une de 1945 pour le secondaire fixent un jour de congé hebdomadaire pour les écoliers ; en 1972 le **jeudi** passe au mercredi. Sait-on cependant que les Jésuites l'avaient inventé au XVIème siècle quand aller au collège signifiait être interne et avoir quinze heures de travail par jour, en latin, pour y étudier les lettres et la morale religieuse, au détriment des matières secondaires qu'étaient l'histoire, la géographie, les mathématiques et les sciences… C'est en 1969 que les cours sont supprimés le **samedi après-midi.**

Ah, **les vacances scolaires** ! Au XIXème siècle les grandes vacances durent un mois et demi en été, de la mi-août au premier octobre car c'est le temps de… la chasse et c'est important pour les familles nobles et bourgeoises dont seuls les enfants accèdent au secondaire. Puis la sortie s'effectue le 9 août en 1875, le 1er août en 1891 et le 14 juillet à partir de 1912 car, démocratisation de l'école oblige, les enfants doivent aider les parents aux moissons dans une France encore profondément rurale. Sinon il y a une semaine de vacances à Pâques à partir de 1875. En 1925 apparaissent deux semaines de vacances à Noël puis, sous le Front Populaire, quatre jours sont vaqués soit autour de Mardi Gras, soit à Pentecôte. Jusqu'au Front Populaire c'est le Préfet qui fixe le calendrier scolaire élémentaire, calqué sur le secondaire. En 1959 le 1er juillet marque le début des grandes vacances ; le premier trimestre s'allongeant, on ajoute une coupure de quatre jours à la Toussaint. En 1964 la France est divisée en **plusieurs zones de congés scolaires.** Les vacances de février sont instituées en 1972 en raison des jeux Olympiques à Grenoble. En 1983 la rentrée a lieu début septembre (courant septembre en 1980), les vacances sont déchristianisées depuis 1981 et l'on dit désormais : vacances d'hiver, de printemps. L'effacement du monde rural, l'essor du tourisme, font que l'on parle de vacances d'été et non plus de grandes vacances… Mais n'en déplaise à quiconque, ce sont bien les intérêts économiques qui dictent les dates des vacances scolaires.

Le verre de lait à l'école : une telle distribution gratuite avait déjà été effectuée dans les écoles de Paris et celles du département de la Seine de 1931 à 1933. En 1954, afin de lutter contre la malnutrition et l'alcoolisme, un verre de lait est distribué aux élèves à la récréation du matin. Depuis 1976 l'Union européenne subventionne les établissements scolaires pour qu'ils puissent fournir des produits laitiers choisis.

De 1933 à 1972 on passe un **examen d'entrée en 6**^{ème}… obligatoire dans un premier temps, il a disparu progressivement par la suite.

En 1956 une circulaire ministérielle *interdit formellement* les **devoirs à la maison**…

En 1964 le crayon à bille remplace le **porte-plume**…

1969 marque la disparition des **blouses**, des **récompenses**, des **notes et classements** (remplacés par les lettres A, B, C, D, E)

1970 : les **maths modernes** font leur apparition

1970 : les CE et **CPE** (conseillers et conseillers principaux d'éducation) remplacent les **surveillants généraux** institués en 1847

Pour mémoire encore : la majorité passe à **18 ans** en 1975… (lycéenne interne et bachelière à cette époque, j'ai été très concernée par ce vent de liberté et d'émancipation).

Chapitre VI
Le collège communal

Je savais, pour l'avoir lu, qu'un collège communal avait été fondé en 1820 à Bort. Le dossier coté *144 T1 collège de Bort An VII – 1851* des archives départementales m'en apprend beaucoup. Mais qu'est-ce qu'un collège communal en ce début du XIXème siècle ?

Avant la Révolution l'enseignement secondaire est dispensé dans les collèges universitaires où l'on étudie presque exclusivement le latin, ils sont concurrencés par les maisons d'éducation jésuites mais servent de modèle, y compris à Bonaparte qui réorganise l'instruction publique par la loi du 11 floréal an X (1er mai 1802) et distingue trois catégories d'établissements : les écoles primaires créées par les communes, les écoles secondaires établies par les communes ou tenues par des particuliers, qui sont à l'origine des collèges communaux, les lycées et écoles spéciales. L'arrêté du 19 vendémiaire an XII (12 octobre 1803) règle l'administration, le plan d'études et le régime intérieur de ces établissements. Un bureau d'administration composé de membres du conseil municipal et autres notables gère le collège : en 1822, pour ce qui nous concerne à Bort, il s'agit du Chevalier Octavien de Bort, maire et président de ce bureau, du Chevalier de Barques, délégué de l'Académie, et de deux administrateurs, un notaire et un membre du bureau de comptabilité du collège ; les bâtiments -les minimes- sont fournis et entretenus par la commune.

Le projet : « **d'un établissement d'instruction publique** » voit le jour dès 1800 car une lettre du 11 floréal an VIII (1er mai 1800), de l'administration du canton de Bort au citoyen Verneille, Préfet du département de la Corrèze à Tulle, témoigne d'une telle demande… Puis le 14 août **1820** le Sous-Préfet fait part au préfet des conclusions suivantes : « Depuis longtemps le conseil municipal de Bort et les principaux habitants nourrissaient avec Monsieur le Curé le projet d'établir en cette ville un collège dans l'intention de procurer à la jeunesse les moyens de faire cesser cet état d'oisiveté…/… et d'acquérir les connaissances dont elle était privée…/… on vota avec enthousiasme et d'une voix unanime l'établissement d'un collège. Monsieur le curé veut bien se charger de la direction et prévoit d'y enseigner la philosophie…/…la Maison commune (qui s'était, en effet, installée à l'ancien couvent des Minimes après la Révolution) pourra servir de local ». Le maire prévoyait environ quarante écoliers qui viendraient aussi du Puy de Dôme et du Cantal voisins, dont les habitants ont plus de communication avec les Bortois qu'avec les villes environnantes (sic), deux mille francs de recettes et les habitants ont participé à une souscription à hauteur de mille cinq cents francs !

Mais la naissance d'un établissement secondaire ne satisfait pas tout le monde et suscite quelques réactions négatives, ainsi celle du Chevalier Delmas de la Rebière (?), membre du bureau d'administration du collège voisin d'Ussel, qui, après avoir pris connaissance du prospectus élaboré par la municipalité, écrit à Monsieur le Préfet pour dénoncer l'inutilité à ses yeux de la création d'un collège à Bort, illustrant ses propos de deux arguments : il existe déjà un collège à Mauriac et un à Ussel, et la population à Bort n'est pas suffisamment importante pour justifier une telle création. Ce à quoi le Préfet répondra que « le collège de Bort ne peut nuire à celui d'Ussel »…

En 1820 le Maire, le Chevalier Octavien de Bort, envoie au préfet le « Prospectus du Collège de la ville de Bort » afin de faire connaître cet établissement aux familles désireuses d'y placer leur enfant et lui demande « Veuillez je vous en prie avoir la bonté d'en faire quelques distributions »… Ce prospectus a le mérite, en huit pages, de présenter le fonctionnement de l'établissement.

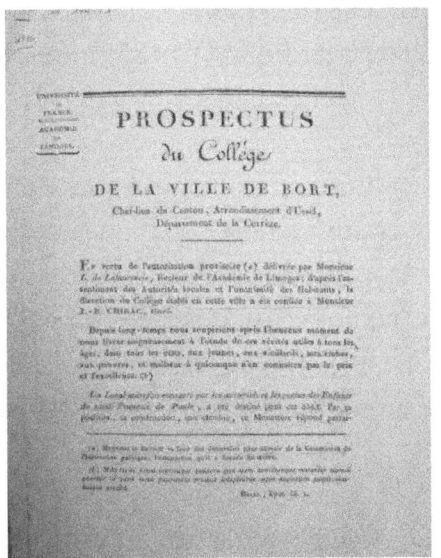
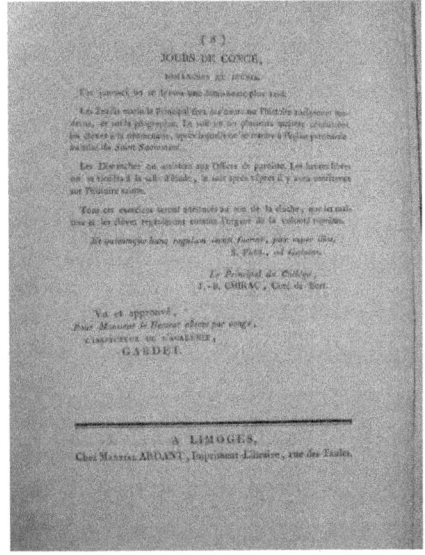

Le recteur de l'académie de Limoges a provisoirement, en attendant l'assentiment de la Commission de l'Instruction publique, confié la direction du Collège à un Monsieur J-B Chirac, curé, les autorités locales et les habitants étant unanimement d'accord, semble-t-il : c'est que « depuis long – temps nous soupirions après l'heureux moment de nous livrer soigneusement à l'étude de ces vérités utiles à tous les âges…/… ».

Le lieu : il s'agit ni plus ni moins du couvent des Minimes « un local autrefois consacré par les autorités et les vertus des Enfants de <u>saint François de Paule</u>…/… ce <u>monastère</u>…à quelque distance de la ville semble…/…favoriser par son isolement les études de ses jeunes nourrissons », peut-on lire sur ce prospectus. S'en suit la description de ces lieux isolés de la ville : « au nord-est est un jardin assez spacieux…», j'en déduis qu'il s'agit vraisemblablement de la parcelle 85 du plan cadastral napoléonien de 1839 «jardin », correspondant peut-être au Bien national numéro 187, « jardin potager » précédent. « Au point opposé une terrasse élevée d'où les regards se promènent sur la ville », terrasse que j'interprète comme étant la parcelle 89 « jardin » en 1839, et 188 « parterre » en 1791…

La description du paysage se poursuit : collines et montagnes « le plaisir des yeux », la Dordogne « quelquefois claire et unie…/… quelquefois follement irritée », « une île charmante », « une plaine qu'arrose et fertilise la rivière, paie au laboureur sa peine par une riche moisson et surtout des fruits d'espèces diverses…/… ». L'auteur de ce portrait des lieux rapporte que « comme l'enseigne la tradition orale » il y avait des vignes en ce pays dont il rend « la décadence de l'agriculture » responsable de la disparition et exhorte les dieux : «Puisse Virgile, père de l'agriculture… la faire revivre…/… et Cérès du haut de l'Olympe sourire… » ! Enfin « la position centrale de Bort…/… les deux grandes routes qui la traversent…/… son industrie, mère du commerce…/… et l'esprit naturel de ses habitants…/… berceau d'un grand littérateur (il s'agit de Marmontel bien sûr) », sont autant d'avantages pour Bort.

L'entretien matériel sera assuré par la ville qui « s'imposera avec plaisir tous les sacrifices les plus pénibles » et l'on mise sur son développement grâce à ce collège dont le maire prône « une éducation soignée et mise à la portée de ses enfants de toutes les classes …/… nous osons nous promettre qu'un Collège bien organisé y prospérera…/…où l'amour et le goût du travail banniront loin de nous l'oisiveté féconde en vices et mère d'une licence effrénée. » Le texte dans son entier est ainsi riche de tournures ou références ostentatoires, héritages d'une scolastique d'inspiration latine, qui semble quelque peu prétentieuse et prête à sourire, bien sûr, aujourd'hui.

Le maire s'engage : « Je ferai tous mes efforts pour assurer le triomphe de la religion et du trône…/… » et exhorte les futurs élèves « Venez donc mes chers enfants, hâtez-vous, venez prendre leçon d'un ami (d'un père dans l'ordre de la grâce)…/… ». Puis s'adressant aux parents, il présente « le plan que nous suivrons exactement dans notre collège » :

Le 3 novembre, date de rentrée des classes, une messe sera chantée en l'église paroissiale et un discours prononcé par le Principal, les maîtres « avoués (c'est-à-dire représentants) de l'Université » seront appelés. Les premiers éléments des langues latine et française jusqu'à la rhétorique seront enseignés. Le « Code éternel » sera au premier rang des études, il est censé faire « aimer et pratiquer la religion chrétienne ». « Exercice public » de Lettres (discours ?), examen général mensuel ponctueront cette scolarité et les parents seront tenus informés de « l'état physique et moral de leurs enfants ». « Le Principal fera des visites hebdomadaires dans chaque partie d'éducation ; M. les Régents (c'est-à-dire les professeurs, un par niveau, parfois deux niveaux sont réunis, par exemple 6è et 5è) étudieront scrupuleusement les caractères des Elèves pour les corriger à propos » car ils tiennent la « place des pères et des mères », car « l'ordre est la base principalement des maisons d'éducation » mais «douceur… tendresse… raison » sont recommandées et « qu'ils ne se permettent jamais de frapper ni d'injurier, leur main ne doit point être l'instrument de la douleur et leur langue l'organe de l'invective ». Les élèves seront internes (très peu en réalité), demi-pensionnaires ou internes-externes, dirions-nous aujourd'hui, car « placés dans des maisons honnêtes de la ville ».

« Une vaste salle d'Etude » accueille tous les élèves sans exception et est surveillée en permanence par un maître « pour favoriser l'application et entretenir la pureté des mœurs », on fait l'appel nominal.

L'année scolaire compte dix mois découpés en trois trimestres. Plusieurs maîtres (6 régents en 1822 pour 63 élèves dont 3 pensionnaires), se partagent les classes de 8ème, 7ème, 6ème, 5ème, 4ème, 3ème, Rhétorique et seconde. L'emploi du temps, rythmé par le son de la cloche, est très strict : lever à 6h en hiver, 5h en été, suivi de la prière, la messe et l'étude. Il y a 4h de classe par jour, plus de 4h d'étude, les déjeuner, dîner, collation et souper, deux petites heures de récréation, prière et lecture le soir, à 9h coucher, extinction des feux à 9h et quart. Dimanche et jeudi « on se lèvera une demi-heure plus tard ». Cours d'histoire ancienne et moderne, géographie seront dispensés le jeudi matin par le Principal, promenade surveillée avant de se rendre à l'église paroissiale. Il faut assister aux offices le dimanche et rester en étude pendant les heures libres, assister à la conférence sur l'histoire sainte après vêpres.

Mais la naissance de ce collège ne se fait pas sans difficulté dès le départ car il faut lever « une imposition extraordinaire pour subvenir aux frais de l'établissement d'un collège dans l'ancien bâtiment des Minimes » d'une part, et, d'autre part, le préfet note, à l'examen des délibérations du conseil municipal, que celui-ci « a excédé les bornes de ses attributions en procédant à la nomination du bureau d'administration et du principal », il s'empresse donc de rappeler les textes officiels et prie le sous-préfet « de faire part de cette observation à Monsieur le Maire de Bort » afin qu'il fasse le nécessaire auprès du recteur en tout premier lieu ! Nous sommes en décembre 1820 ; un mois plus tard, alors que le maire et les membres du bureau d'administration viennent de prêter serment de « fidélité au Roi et obéissance à la Charte…/… », le recteur s'émeut auprès du sous-préfet : « J'apprends que l'harmonie nécessaire dans toute réunion et plus indispensable encore dans une institution naissante commence à s'altérer dans le bureau d'administration du collège de Bort et je crois comprendre que M. Château, juge de Paix (est-ce l'un des notables du bureau d'administration ou bien simplement est-ce le fait que cette instance de justice cohabite en ces lieux tout comme la mairie et gendarmerie ?) ne se trouve pas en parfaite intelligence avec un autre collègue et surtout M. le Curé Principal. » Il craint que cela n'amène à « la dissolution de l'établissement » et prie donc le sous-préfet de « s'informer de la cause du désordre », et d'y remédier…

Quoi qu'il en soit notre **collège communal** semble opérationnel **en 1822**, M. Chirac le dirige, un certain M. Besson lui succédera en 1823, puis Desion (?) mais les soucis financiers s'accumulent, cela étant dû aux réparations indispensables (les bâtiments sont fort dégradés) et au « payement » des personnels, à tel point que « M. Chirac fut assez bon pour… » avancer la somme de mille francs correspondant au déficit entre les recettes et les dépenses dès la première année, et le maire réclame de l'aide (dans un courrier confidentiel au sous-préfet) : « Il importe de payer cette somme à M. le Principal qui en a un pressant besoin », à d'autres reprises il est obligé de rappeler « que cette somme lui soit remboursée le *plutôt (sic)* possible…/… il est extrêmement pénible pour eux (les professeurs) et qui sont pères de famille d'être obligés d'attendre si longtemps une somme si bien gagnée… ». Ces difficultés et ce déficit s'avèrent jusque dans les années 1830-32 ; un Principal, du nom de Chabanies (?), semble avoir démissionné et un peu plus tard, le Sous-Préfet réclame des comptes sur l'administration de cet ex-Principal.

Dès juillet 1832 on demande à **convertir le collège** qui est fermé, **soit en pensionnat** (qui coûterait moins cher à la commune, j'imagine), **soit en institution** (religieuse, je suppose). On a aussi nourri le projet d'une école d'enseignement mutuel, ce qui était d'actualité. Un pensionnat remplace le collège. En 1835, le maire, M. Forsse, semble régler les sommes dues à trois personnels et le conseil municipal est prêt à régler une somme due à M. Chabanies, pourtant, en 1838 le Sous-Préfet demande au Préfet de mettre fin à ses réclamations ! La liste « des réparations à faire au bâtiment des minimes appartenant à la ville de Bort », dressée en octobre 1837 prouve encore une fois que l'entretien des bâtiments ne cesse de peser trop lourd sur les budgets ; une demande est faite au préfet pour qu'il fasse exécuter les travaux et qu'ainsi la ville puisse en économiser le montant, mais ce dernier refuse car « les réparations à faire au bâtiment des Minimes cédé *gratuitement* au directeur d'un pensionnat, n'étant que du simple entretien, c'est à la charge du directeur... »

Par ailleurs M. Mathieu, le maire réclame l'allocation de 1000F pour payer le directeur et les régents, c'est-à-dire les professeurs, de la **pension latine**, somme inscrite au budget 1838, comme les années précédentes, au titre du collège, celui-ci existant aux frais de la commune depuis sa création. La délibération du 18 mai 1837 du conseil municipal rapporte que « les dépenses pour l'institution latine » ont été réduites de 1200F à 1000F, approuvées par les conseillers municipaux (parmi lesquels je lis quelques noms connus et portés encore par des Bortois actuels : Verdier, Viallex, Monteil, Sully...) ; or cette somme n'a pas été allouée « pour le motif que le collège n'existait pas conformément à la loi » ! Le préfet s'est effectivement adressé au sous-préfet en ces termes : « Le **pensionnat d'instruction publique** établi à Bort n'ayant aucun caractère officiel, n'étant qu'un établissement particulier, je ne puis autoriser l'allocation demandée… ». Pourtant le maire insiste et argumente pour justifier : « l'institution latine, établissement public, dont la création date du mois d'octobre 1832…/…inspectée par les employés de l'académie… » Il ajoute que la commune a continué à financer cet établissement à l'article collège et qu'il ne s'agit que d'un simple changement de dénomination ! Il est relayé par le directeur, « le sieur François Maury, maître de pension à Bort » qui s'avère par ailleurs n'être autre que son gendre !

« Monsieur Maury, mon gendre, dirige la pension communale… » écrit-il alors qu'à cette même époque troublée financièrement, il demande au Préfet de recommander celui-ci auprès de M. le Recteur et du Ministère de l'Instruction publique pour qu'il puisse obtenir la mutation qu'il demande ! Il justifie : « *Dans une sphère aussi bornée* il ne pourrait jamais que *végéter*… », or il possède, selon lui, des connaissances et sollicite une place dans un collège royal ou « communal de première classe », « dans une ville offrant des ressources littéraires », car il travaille à une traduction latine en vers français entre autres, écrit dans des journaux et fait lui-même des vers … M. Maury en personne écrit au Préfet : « Malgré *les dégoûts* qui m'assiègent dans la petite ville de *b*ort (sic), je travaille à un ouvrage sur les langues et je termine un volume de poésies lyriques…/… un poste convenable (une chaire dans un collège royal ou un principalat ou une chaire d'humanités dans un collège communal)… », voilà ce qu'il sollicite, exprimant la haute opinion qu'il a de la ville de Bort ! En même temps il réclame à plusieurs reprises la somme des 1000F : « La commune de *b*ort m'a imposé deux répétiteurs pour la Direction de la pension communale…/… 1000F payé sans difficulté l'an passé. Cette année je n'ai rien touché et M. les répétiteurs demandent comme il est juste leur traitement. Je vous prie d'autoriser la commune à me verser les 1000F destinés au traitement de mes collègues afin *que je ne sois pas forcé de diriger contre la commune les poursuites dont je suis menacé* »

Ainsi donc le maire se voit-il menacé à son tour d'un procès que la commune « risque de perdre et de ne pouvoir procurer des fonctionnaires à une institution *qui* est si utile de conserver », confie-t-il à M. le Préfet. Finalement, alors que cette affaire prenait des proportions inquiétantes, M. Maury parvient à obtenir sa mutation et « puisque M. Maury quitte la direction de son pensionnat j'autorise l'allocation de 1000F » écrit le Préfet à M. le sous-préfet le 15 septembre 1838 : curieuse réflexion mais qu'en sera-t-il alors de l'avenir de l'établissement, peut-on se demander, compte tenu de ces termes ? Néanmoins M. Maury n'a pas encore reçu la somme réclamée en octobre et souhaite que cela aboutisse enfin, avant qu'il se rende à sa nouvelle destination : « la rédaction d'un journal »…

L'avenir ? Il en est question dès mars **1839** : « …vous me demandez le rétablissement d'une institution latine… la seule hiérarchie est celle de l'Université » rappelle le Préfet au sous-préfet et poursuit qu'en raison du « *peu d'élèves* …/… *l'instruction secondaire à Bort n'a que peu de chances de survivre* » et qu'« il y a un intérêt réel à donner ***une instruction primaire supérieure et professionnelle***…/… plus appropriée aux ressources des villes et besoins des familles ». Il propose donc « d'établir en cette ville **une école supérieure en remplacement de l'institution latine**…/…je persiste à croire cela préférable pour Bort…/…au moment où des écoles de ce genre vont être créées dans plusieurs localités du département ». Le sous-préfet argumente ensuite auprès du maire : « Il ne faut pas songer, je crois, à y faire *une école de latinité* ; ces sortes d'établissements ne conviennent qu'à des localités *riches et populeuses* où les *fils de familles* –recevront- le principe d'une éducation qu'ils doivent compléter un jour… » et au nom de l'utilité pour la commune, appuie la proposition du préfet. Ce qu'il ne peut pas ne pas faire, bien sûr. En fin de compte, y a-t-il eu création de cette classe primaire supérieure ?

C'est que **la ville de Bort souffre de la perte de son *collège* ou *institution latine*** : « Une nouvelle décision ministérielle venant de priver les localités qui ne comptent pas 6000 âmes de population d'avoir un collège ni même une institution latine… » regrette le maire, alors que sa ville est en mesure d'offrir « un bâtiment immense environné de vastes jardins…/… garni du mobilier nécessaire à un collège…/… » et que la ville jouit d'une « position topographique » intéressante, « au point de communication du Puy de Dôme, du Cantal et de la Corrèze…/… pour un grand nombre d'élèves sortant des cantons environnants, éloignés des chefs-lieux d'arrondissement…/… avec de grandes routes qui traversent la ville…/… la suppression de cette institution à vivement affecté cette contrée et a pour funeste résultat que beaucoup de jeunes gens vont suspendre leur éducation… » Le maire assure « mettre à la disposition des professeurs le bâtiment dit des Minimes et le mobilier… », la commune contractera toutes les obligations pour assurer le traitement des professeurs « outre les rétributions qui pourront être autorisées à prendre pour les élèves » et il promet « la reconnaissance de toute une contrée » au Préfet.

Dans les mois qui suivent, un nouveau problème surgit : le Recteur s'inquiète, il ne faut « pas de gendarmerie ni salle d'infirmes ni dépôt de femmes vagabondes » même s'il n'y a « aucune possibilité de communication ni même de vue d'un établissement à l'autre » à côté de l'école primaire. Donc une **école primaire** subsistait bien en ces lieux… Et le Préfet de rappeler au maire « Je suis persuadé que vous aurez pris toutes les précautions nécessaires pour préserver les jeunes enfants de votre ville des dangers de plus d'une espèce qui pourraient résulter pour eux du voisinage d'une caserne, d'un hospice et d'une prison ».

Le 7 septembre 1842 le recteur confirme à l'inspecteur que « la commune de Bort a affecté les bâtiments de l'ancien collège de cette ville à une école communale, à une caserne de gendarmerie, à un hôpital et aux prisons » bien que ce ne soit pas envisageable ! En décembre de cette même année, un inspecteur délégué (par le Ministère ?) constate : « Je dois informé *(sic)* que l'école publique de la commune de Bort placée dans le même local que la gendarmerie est située au rez-de-chaussée tandis que la gendarmerie occupe le premier étage de l'établissement, que le passage des gendarmes établi immédiatement au-dessus de l'école est une cause permanente de distraction pour les élèves », il demande que des aménagements soient faits mais un mois plus tard, le sous-préfet en tournée à Bort note que « les inconvénients n'existent pas » du fait de la configuration précise des locaux. Toujours est-il qu'en novembre 1842, le ministère veut connaître les dispositions de la commune de Bort quant à sa « situation présente de **l'école communale** » et la suite donnée aux projets.

Plusieurs années s'écoulent pour lesquelles nous ne disposons pas d'archives, jusqu'en 1848 où le Ministère sollicite des renseignements auprès du Recteur concernant la demande d'un certain Ventadour au poste de maître de pension à Bort, et concernant le local qui serait attribué à son pensionnat, soit la moitié d'un local existant car « les élèves ne doivent pas être en communication avec les autres habitants ». Le maire répondra « J'ai examiné la disposition du local destiné au pensionnat que M. Ventadour a établi dans cette localité. J'ai reconnu que quoique le bail porte qu'il n'y a que la moitié du bâtiment affermé, la vérité est que *le surplus de ce bâtiment n'est point habité*, qu'il est isolé de toute communication et que de plus il existe un vaste préau destiné à la récréation des élèves ». Rien au sujet de la gendarmerie : aurait-elle déménagé ? et la prison qui reste indiquée sur les plans postérieurs ?

Mais qui est ce Ventadour ? Jean, de son prénom, est né le 24 août 1817 à Bort, il est bachelier es lettres, plus maître d'études au lycée de Vendôme où il exerce depuis plusieurs années au moment où il sollicite son retour en sa ville natale. Il est noté laïque et célibataire. Il demande l'autorisation d'ouvrir une **pension latine à Bort** et fournit les certificats adéquats de bonnes vie et mœurs, de moralité. En septembre 1848, un état des écoles latines à Bort et ses environs fait apparaître que Bort, forte de 2322 habitants n'en possède aucune tandis que Ussel, avec 4390 habitants, dispose d'un collège communal. Le 8 mars **1849**, le ministère informe le recteur de l'académie de Cahors que « par décision prise en conseil de l'Université le 6 janvier dernier » M. Ventadour a été « autorisé à s'établir comme maître de pension à Bort ». Celui-ci a donc ouvert son établissement « en voie de prospérité, écrit-il, qui compte déjà 30 élèves » et réclame la pièce officielle qu'il n'a pas encore reçue en avril suivant.

Apparemment l'entretien d'un établissement secondaire grève toujours le budget municipal puisque un secours de 700F doit être accordé, cette même année, à Bort pour combler le déficit des frais d'acquisition de mobilier de classe. L'aventure de cette nouvelle pension s'achève le 14 décembre **1863** : « J'ai l'honneur de vous informer que j'ai définitivement fermé l'établissement d'instruction secondaire libre que je dirigeais à Bort et que je n'ai pas de successeur. En conséquence je vous donne ma démission » écrit M. Ventadour au Recteur. Fin de cet épisode et aucun élément supplémentaire, hélas, ne vient satisfaire ma curiosité.

Je pense que coexistaient d'une part l'école communale de garçons depuis le début du siècle, et, par intermittence, en tant qu'établissement secondaire, cette pension latine, aussi appelée pensionnat de jeunes gens : notre école bortoise, sise aux Minimes, semble donc avoir été tantôt école primaire, tantôt primaire et secondaire. La municipalité y a toujours été partie prenante, non sans difficulté compte tenu des dépenses matérielles de toutes sortes.

Les bâtiments des Minimes nécessitent des réparations fréquentes : en 1833, en 1839 pour la toiture. En 1849 une demande de secours est faite et on reconnaît « l'exiguïté des ressources de la ville de Bort, ses besoins, la pauvreté de l'école communale » or il faut renouveler totalement le matériel de l'école communale pour un montant de 916F, la liste en est dressée par l'instituteur M. Boyer (à noter : l'achat d'un crucifix…) En 1859 un secours de 700F est accordé par erreur à la salle d'asile (ces salles sont les ancêtres des écoles maternelles) à la place de l'école des garçons pour l'achat de mobilier scolaire, ceci fait l'objet de plusieurs courriers. La présence des **Frères des écoles chrétiennes**, congréganistes, est avérée cette année-là. Un autre secours de 300F est sollicité pour l'acquisition de mobilier scolaire à l'école de garçons en 1863.

M. Roques, suite à la consultation des registres municipaux et lecture de divers arrêtés, résume ainsi l'histoire de l'école dans la « Rubrique du Temps passé » de la revue « Vie municipale de Bort » numéro 4 de 1984 : « 5 octobre 1852 : la direction de l'école des garçons est confiée à des congréganistes, l'école communale occupant alors avec la gendarmerie l'ancien couvent des Minimes. Celle-ci s'installe dans de nouveaux locaux en 1860 et les salles libérées sont alors cédées aux Frères afin de créer un internat.

1870 : vote des moyens nécessaires pour établir la gratuité de l'enseignement primaire (200 élèves à l'école des Minimes), 1874 et 78 : extension du pensionnat (80 internes).

23 février 1879 : séance mouvementée au conseil municipal, âpreté des débats et adoption de l'enseignement laïque » ; pourtant le souhait est émis que les Frères continuent à exercer à Bort !

En 1881 une querelle semble opposer les Frères au maire car une lettre du 20 août que le Directeur des frères de l'école communale de Bort adresse au maire annonce : « nous conserverons notre école communale jusqu'au 30 septembre 81…/… nous resterons possesseurs du bâtiment construit à nos frais (Ah bon?)… je vous laisse le choix ou d'une rente viagère de 600F ou d'une somme très minime de 6000F pour un immeuble d'une valeur de 15 000F environ… » Il ajoute qu'un règlement à l'amiable serait préférable à un procès… Je me demande de quel bâtiment il parle sachant que la municipalité a toujours revendiqué la propriété des Minimes depuis la période post révolutionnaire ?... Quelle issue cela a-t-il eu ? En mai 1882 l'inspecteur primaire approuve un « état du mobilier classique nécessaire à l'école communale de Bort *qui sera dirigée par les Frères des écoles chrétiennes* », ce qui tendrait à confirmer ce qui figure dans la délibération de 1879 ?…

« 1881 toujours : on est dans l'attente d'une construction adaptée pour l'école de filles, local provisoire et nomination d'une directrice , réalisation définitive de l'école des filles du Pré-Mongeal en 1890 (future école Jules Ferry) » poursuit M. Roques.

Cela étant dit, on va réparer, agrandir « **la maison d'école de garçons** », gros chantier, travaux conséquents, une véritable **restructuration** dirait-on aujourd'hui. L'opinion publique n'est « pas favorable à une imposition de centimes extraordinaire » lit-on dans une délibération du conseil municipal d'octobre 1878, cependant une somme de « 10 000F pour réparation de la maison d'école sise au faubourg » est votée. Le ministère va accorder une subvention de 4800F et autoriser la municipalité à contracter un emprunt de 5000F à la Caisse des écoles, remboursable sur 31 ans. Les travaux vont s'effectuer semble-t-il en **1882-83**. Le devis de l'architecte, Félix Huttert, s'élève à 10 000F, le cahier des charges nous apprend, entre autre, que les briques seront fabriquées à Bort, que la chaux proviendra des carrières de Gioux à Merlines et le ciment du Deveix, commune de Sarroux… Du mobilier scolaire est acquis pour 800F (40 tables à 2 places avec bancs à dossier) en mai, M. Donnadieu Pierre en est le menuisier. Les travaux de restauration de l'école de garçons s'élèvent finalement à 11 878F plus 604F d'honoraires, le certificat de réception date de décembre 1883.

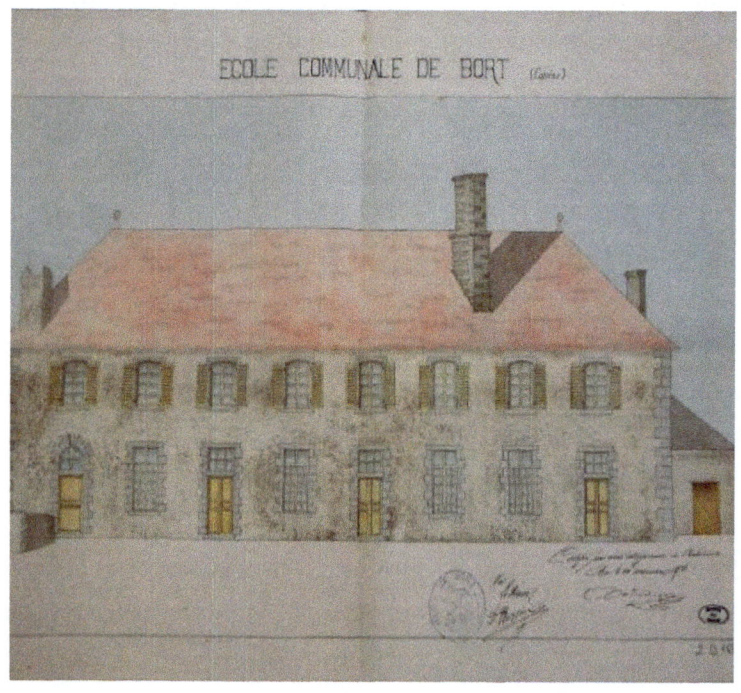

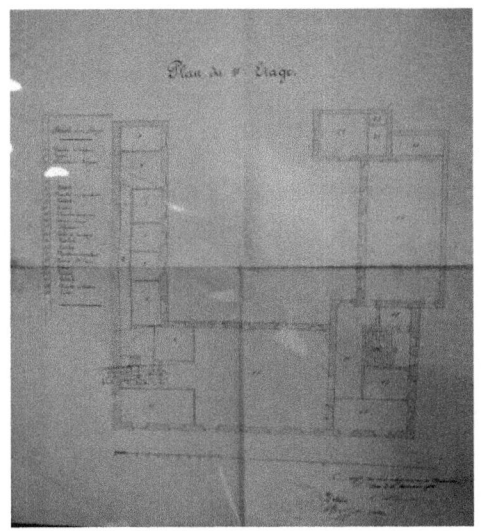
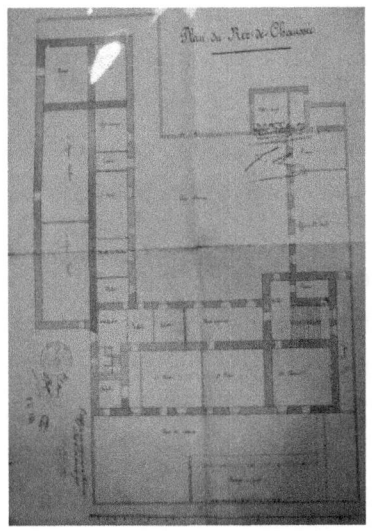

Enfin, je veux partager le plaisir de découvrir les plans établis à l'époque et les réflexions que cela m'inspire. Belle façade joliment dessinée et coloriée, comportant 4 portes et 4 baies au rez-de-chaussée, 8 fenêtres avec volets à l'étage, couverture rouge… Ce dessin est séduisant, il montre une demeure imposante. Sur le plan du rez-de-chaussée on constate que la prison (avec 2 geôles ?) est toujours là, au nord de la bâtisse. Je retrouve les noms Nicolet et Verdier qui figuraient comme propriétaires particuliers, (Jean Etienne V. et Claude Alphonse N.) de la parcelle 86 du cadastre napoléonien ! (est-ce à dire que des particuliers habitaient là ? Il semble qu'il y ait eu des remises plutôt), 5 salles de classe, 1 chapelle, 1 sacristie, le réfectoire St Paul (avec oubli, je pense, du -e de Paule, qui est le nom du fondateur de l'ordre des Minimes), 2 cours, 1 hangar en projet au sud. Je note que le plan des locaux du cadastre napoléonien est bien identique, je retrouve la parcelle 88 du cadastre napoléonien et il y a bien par conséquent agrandissement sur la partie Est de l'ensemble. Comment ne pas y retrouver aussi le plan de l'ancien couvent en date de 1845, grâce aux archives de J Sirat, plan dont M. Roques a heureusement fait une copie, avec ancienne église longeant la rue des Minimes, l'aile sud et sa chapelle, la cour intérieure ? Les deux ailes du cloître ancien s'alignaient le long de l'église et de l'aile sud, je pense. Quant à l'étage du bâtiment restauré et agrandi, il est entièrement consacré à l'internat avec ses diverses chambres de professeurs (5) et surveillants, ses 2 grands dortoirs… De tout cela je déduis que ce que nous parvenons à distinguer sur les cartes postales –vue générale de Bort- du début du XXème siècle, ce sont les bâtiments, restaurés 20 ans plus tôt, de l'ancien couvent des Minimes. Ceux-ci vont être opérationnels durant 45 ans environ, puis rasés pour laisser place aux bâtiments actuels !

Une délibération du conseil municipal d'octobre 1885 témoigne : « …il résulte que, depuis quatre ans, avec une persévérance digne d'un meilleur résultat, la commune de Bort demande la création d'un établissement d'enseignement primaire supérieur. Chaque année le conseil municipal s'inspirant de vœux de la population tout entière renouvelle la demande sans obtenir satisfaction… » Nombreux sont les arguments évoqués : la ville est « acquise aux idées libérales …et fait preuve d'esprit d'initiative… l'avenir appartient à l'homme instruit et moral… elle a de nombreux commerces et industries… elle ne recule devant aucun sacrifice quand il s'agit de l'éducation de sa jeunesse… elle réunit chaque année dans ses écoles les enfants des communes situées dans un rayon de vingt kilomètres, ils ont plus de douze ans et besoin d'un enseignement plus complet et méthodique… pour conserver ces élèves et le renom de l'école nos instituteurs ont dû ouvrir un pensionnat et étendre leurs programmes : il faut donc régulariser cette situation et sanctionner ce qui existait déjà en créant officiellement l'école primaire supérieure… notre établissement réunit les conditions exigées : 280 à 300 élèves présents quotidiennement dont une trentaine avec certificat d'études, des locaux vastes et convenables, le matériel et mobilier nécessaires… »

Le maire, M. Donadieu, et les conseillers, qui ont pris soin de préciser « qu'en présence d'une école congréganiste qui vient de s'ouvrir, l'annexion d'une école supérieure à notre école laïque ne saurait être différée plus longtemps », résument : « En raison de l'importance de son école, de sa position géographique, des sacrifices qu'elle a faits et qu'elle est encore disposée à faire, nous pouvons affirmer de nouveau que notre ville a droit à une école primaire supérieure. » Le conseil demande donc cette création avec un personnel distinct et deux années d'études au moins, son ouverture au 1er janvier 1886, l'ouverture d'un crédit de 2000F pour compléter l'ameublement, l'engagement d'entretenir cette école pendant cinq ans au moins et l'ouverture d'un crédit de 1850F formant les deux tiers du traitement du Directeur. Deux ans plus tôt, répondant à une enquête, le sous-préfet d'Ussel avait affirmé qu'il n'y avait « pas d'enseignement technique dans l'arrondissement ni d'enseignement commercial ». C'est que, à la lecture des différents documents d'archives, force est de constater que l'on parle indistinctement d'école primaire supérieure, cours complémentaire et aussi établissement d'enseignement technique, école technique ou école professionnelle…

En **février 1886** le préfet demande au sous-préfet d'informer le maire que le ministère a autorisé la **création d'un cours complémentaire** d'un an à l'école de garçons, ceci à la charge exclusive de la commune … Lourde charge, on n'en doute pas, pour la ville de Bort qui vient justement de faire l'effort de créer une école communale de filles et une salle d'asile pour les tout-petits, aussi Bort réclame un crédit eu égard à « ses pauvres ressources…/… et sa grande bonne volonté…/… les ressources de son budget sont nulles ». En 1888 le conseil municipal demande une prise en charge par l'Etat : fin de non-recevoir de l'Inspecteur d'académie car « l'école de Bort, loin de constituer pour l'Etat une charge obligatoire…/…loin de pouvoir être entièrement à la charge de l'Etat ainsi qu'elle le demande ne pourrait obtenir le concours de l'Etat que si elle s'engageait à comprendre les dépenses de ce cours… » Cette structure a cependant été maintenue, jusqu'à nos jours, suis-je tentée d'écrire. Charles Guillaume, par exemple, a été élève à Marmontel de 1947 à 1952 ; il a fréquenté le cours complémentaire et passé le concours d'entrée à l'école normale.

Ainsi la demande de la municipalité des années 1885, en accord avec les autorités, était justifiée : besoin d'un cours complémentaire, d'un cours professionnel, l'histoire suit son cours à Bort. Dans les histoires du système éducatif, j'ai pu lire que les écoles primaires supérieures dataient de 1833, qu'en 1886 coexistaient : les écoles manuelles d'apprentissage, les écoles primaires supérieures et les classes d'enseignement primaire supérieur ou cours complémentaires, qu'en 1892 furent créées les Ecoles Pratiques de Commerce et d'Industrie (ce qui sera le cas trente plus tard à Bort). Quant à ces cours complémentaires, ils deviendront Collèges d'Enseignement Général –CEG- en 1959-60 et ce sont en quelque sorte, avec leurs proches voisins les Collèges d'enseignements secondaires – CES-, les ancêtres de nos collèges actuels !…

Chapitre VII
La reconstruction

En **1920** le Directeur du cours complémentaire de l'école de garçons, suite à la visite de l'Inspecteur d'Académie, adresse à la Municipalité une lettre dans laquelle il alerte sur les dangers qui menacent les élèves et dénonce l'état de délabrement des bâtiments. N'a-t-on pas l'impression de retourner cent ans en arrière ? Le conseil fait immédiatement établir un projet de reconstruction qu'il transmet au préfet.

Lors de la séance du **16 mars 1922**, le conseil municipal, sous la présidence de son maire, M. Marius Minier, à l'unanimité des voix moins une, approuve les devis et plans du projet de reconstruction de l'école de garçons, qui ont été élaborés par deux architectes de Tulle : M. Léon Saule et M. Merpillat. « …considérant que le projet répond à une nécessité reconnue que la maison d'école actuelle est dans un tel état de délabrement qu'elle constitue un véritable danger pour les enfants et les maîtres… » est-il rapporté sur le PV des délibérations. Et encore, « qu'à la suite d'une inspection, M. L'Inspecteur d'Académie a adressé à M. le Préfet de la Corrèze un rapport lui signalant que les locaux scolaires étaient tout à fait insuffisants : qu'ils ne répondaient plus aux conditions d'hygiène et de minimum de confort actuellement exigés par les règlements ; que le nombre toujours croissant d'élèves justifierait la création d'un poste et qu'il y aurait lieu d'envisager également l'extension du cours complémentaire. » Les conseillers délibèrent également sur les voies et moyens à employer pour faire face à la dépense de 677 250F et votent pour une aide de l'Etat « aussi élevée que possible », un emprunt et une imposition extraordinaire.

Un an plus tard l'Inspecteur d'Académie insiste à nouveau auprès du Préfet sur l'urgence des travaux à effectuer dans un rapport édifiant, dénonçant effectivement le véritable délabrement de la maison d'école, comme on dit alors. Les mots ne manquent pas pour décrire la situation : « …salles de classe petites, mal éclairées et aérées… les logements des maîtres : pas plus confortables… détestables… pièces humides et malsaines… écoliers mal à l'aise dans une cour trop petite… les cabinets menacent ruine… pas de préau… triste impression de délabrement de ces vieux bâtiments insalubres… ». Du projet, il dit que « M. l'architecte semble s'être proposé de faire une école vraiment moderne. » Il reconnaît que « la configuration du terrain tout en longueur, la proximité de la voie ferrée imposaient la disposition adoptée. ». Il approuve la demande d'une septième classe et d'un internat –qui a existé autrefois, souligne-t-il-, annexé au cours complémentaire. Pour cela il argumente : les élèves viennent de Tauves et la Tour d'Auvergne, Champs, Riom es Montagnes et Saignes, l'école supérieure la plus proche étant à Pleaux, dans le Cantal, à cinquante kilomètres de Bort et sans être desservie par la voie ferrée ; autre atout pour la ville de Bort, en pleine expansion économique, dont la démographie* va s'accroître très prochainement alors que déjà, les classes primaires comptent plus de 40 élèves. « Je donne un avis favorable, conclut-il…/… ce projet constitue un tel progrès sur l'école actuelle que je souhaite que les dispositions budgétaires permettent de le subventionner rapidement. » (*Au recensement de 1921 il y avait 462 élèves à Bort : 375 en écoles publiques, 82 en école privée et 5 recevant l'enseignement en familles.)

Le rapport des architectes daté de **novembre 1921** faisait part des constats et de l'étude effectués au sujet du **projet de construction d'un groupe scolaire** : « Depuis longtemps l'insuffisance et le mauvais état des locaux du groupe scolaire de garçons étaient apparus à la municipalité de Bort ; seule la guerre a empêché l'étude reconstruction de ces locaux qu'elle poursuit aujourd'hui. », est-il noté en introduction. L'emplacement, la pente, l'orientation, les bordures (des jardins au nord, la voie de chemin de fer à l'est, un chemin rural à l'ouest –qui sera dénommé à tort chemin de la Bastille, au lieu de Bastide, sur le plan général du projet-, des propriétés et jardins en contrebas à l'ouest), « deux immeubles vétustes qui seront à acquérir par la commune, soit de gré à gré soit par voie d'expropriation » sont observés et les auteurs : « De tout cela nous avons conclu à une situation très favorable, bien orientée et aérée, sans inconvénient d'aucune sorte, l'accès se faisant par la rue des Ecoles… ».

La commune doit donc acquérir les deux propriétés sises sur l'emplacement de ce qui apparaît comme étant la parcelle 86 sur le cadastre napoléonien, c'est-à-dire les vestiges de la lointaine église du passé des Minimes…

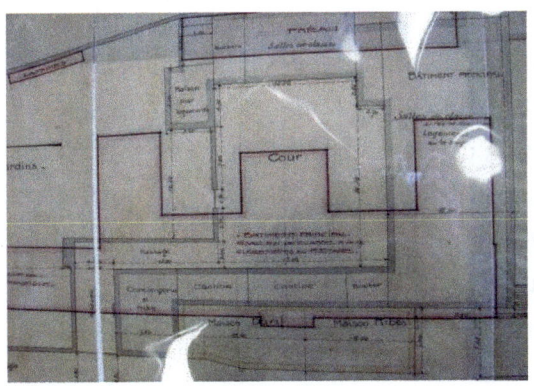
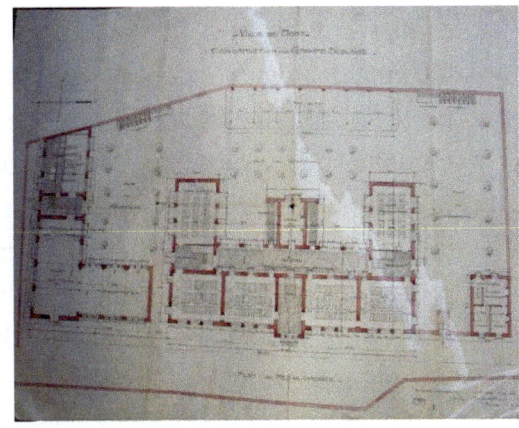

La propriété Durif, Jean, pâtissier à Bort, époux de Albertine Welter, propriété acquise à un certain Delpeuch, de Mauriac, qui la tenait d'un Nicollet (ce nom est celui qui figure sur la matrice cadastrale en 1839) est composée d'un sous-sol, d'une remise au rez-de-chaussée et d'un grenier et combles au premier étage ; elle est mitoyenne de la propriété communale au nord (la prison y est-elle encore en activité ?) et de la propriété Ribes au sud dont une cloison en bois la sépare. Guy Ribes, époux de Jeanne Marie Rose Verdier (Verdier : ce nom figure sur la matrice de 1839): cette propriété, légèrement plus grande que la précédente est composée d'un rez-de-chaussée à usage d'écurie, d'un logement de deux grandes pièces au premier puis grenier et combles. Ces deux propriétés, en état de vétusté, sont estimées à 10 500F chacune, la commune les acquiert pour 6000F chaque et paie en 1928. La valeur des matériaux compense les frais de démolition, suggèrent les architectes.

Puis ils décrivent le projet de bâtiments : 7 salles de classes du CP au cours supérieur, cantine et services au rez-de-chaussée dans le bâtiment central et ses deux ailes, 1 salle de cours complémentaire à l'étage avec petit internat, et services (cuisine, réfectoire, lavabos, dortoir) au rez-de-chaussée dans un corps de bâtiment à part, parallèle à la bordure nord du terrain ; 1 préau, 1 salle de gymnastique, 1 salle de travaux manuels sont prévus. Les logements (1 pour le Directeur, 2 logements de maîtres, 4 logements d'adjoints) sont à l'étage et la conciergerie se trouve à l'entrée. Latrines à la turque et urinoirs à chasse d'eau automatique se trouvent au-dessus des fosses septiques. Le chauffage des salles de classe est prévu par radiateur à vapeur ou eau chaude, des cheminées seront dans les logements… Dans le cahier des charges, je note que les pierres de taille viennent de Menet, dans le Cantal voisin, la chaux de St Astier, le ciment de Grenoble, les ardoises d'Alassac ou Travassac, le plâtre des carrières de Paris, le chêne et le sapin sont du pays. Et on réutilise les matériaux des diverses démolitions bien sûr.

Un bien beau projet dont les plans et les façades ressemblent passablement à ceux des bâtiments actuels, sauf que ce ne sera pas le projet final… Les années passent, la subvention n'arrive pas, M. Jean Baptiste Brun est élu maire en mai 1925 et succède à M. Minier.

Le rapport de la commission des Ecoles de Bort, diligenté par le nouveau maire en juin **1925**, adressé au sous-préfet, dénonce beaucoup plus en détail l'état catastrophique des lieux et le caractère d'urgence qu'il y a à hâter la nouvelle réalisation. Description surréaliste : «… il pleut dans de nombreuses salles… la salle de la première classe est un couloir – malcommode-… la salle de la cinquième classe est une véritable cave… la toiture du préau menace ruine, les planches sont pourries et fléchissent, les poteaux sont rongés à la base… un enfant a eu récemment le bras cassé du fait de l'état de la cour où sable et terre ont disparu… tel escalier : l'usure des pierres en fait un plan incliné… la charpente très lourde est disloquée, des poteaux essaient d'éviter l'effondrement mais le plancher est pourri… les liteaux sont pourris… les couvreurs ou menuisiers refusent de monter sur la toiture… il faut une réelle bonne volonté des maîtres pour consentir à habiter dans des pièces aussi délabrées et accepter de courir un risque permanent du fait de l'état de la toiture… ».

Aussi demande-t-elle la visite d'experts, de toute urgence, ainsi que « la priorité lors du prochain classement de construction des maisons d'école dans le département », d'autant que « le dossier a été déposé il y a x années » ; il serait trop onéreux pour la ville de Bort « d'envisager une réfection ou consolidation du bâtiment ». Les deux architectes et l'ingénieur requis ont émis un avis unanime : « Le danger d'effondrement étant imminent l'évacuation devait être ordonnée sans le moindre retard. » Mais un problème apparaît : où trouver les locaux provisoires pour les classes et les logements, y compris celui des institutrices qui n'en disposent pas à l'école des filles ? Enfin la commission demande une légère rectification sur un point : se basant sur l'exemple de Meymac, il faudrait agrandir le pensionnat à 100 lits au lieu de 25, en transformant la salle de gymnastique en salle de classe pour agrandir le dortoir au-dessus… L'inspecteur de l'enseignement primaire accuse réception et approuve, car « convaincu du caractère d'urgence » mais il n'en recommande pas moins, en raison de la responsabilité de la commune en ce qui concerne la sécurité des locaux, de rechercher d'autres lieux où accueillir provisoirement l'école de garçons. La municipalité finit cependant, cette année-là, par « louer, pour une durée de deux ans, et aménager des locaux de fortune, provisoires et insuffisants » ; l'école est désaffectée.

Pourtant les choses ne progressent guère, malgré la nécessité urgente de remédier aux trop nombreux risques induits par la vétusté des bâtiments, malgré les courriers et rapports échangés entre autorités. Le 1er décembre 1925, M. le maire soumet son propre rapport aux membres du conseil ; il retrace d'abord les principaux épisodes depuis 1920 puis fait part de ses réflexions à l'issue de ses recherches et rencontres, un travail conséquent qu'il a sérieusement effectué durant l'automne. Cela va peser très lourd dans « notre faible budget » d'autant, souligne le maire, que d'autres travaux aussi urgents sont à réaliser : « le projet des eaux à l'étude depuis plus de vingt ans ».

Le projet est cependant réexaminé et le devis s'élèverait désormais à plus de 850 000F, donc il s'avère « ou trop insuffisant » (si l'on continue avec une simple école communale et cours complémentaire sans internat) « ou trop important » (avec création d'un cours complémentaire de plusieurs années, plus des cours professionnels et un internat) ! M. Brun demande à ses conseillers d'adopter sa deuxième conclusion : « modification du projet de 1921 en envisageant une école beaucoup plus importante » car « c'est un devoir de profiter de la circonstance ». Pour un budget de 1 400 000F, ce nouveau projet prévoit : une école communale de six classes, un cours complémentaire de deux années, puis trois et l'Ecole d'industrie, un internat pour cent élèves avec quatre dortoirs, réfectoire et bains-douches, une cantine pour toute l'école.

Le soutien et les conseils de M. Queuille, député, M. Labbé, directeur au sous secrétariat d'Etat de l'enseignement technique, M. Caillard, Inspecteur général de l'enseignement technique ont permis d'établir le nouveau projet dont M. le maire expose et justifie les idées et principes d'organisation : un cours complémentaire en lien étroit avec l'Ecole pratique d'industrie qui apporteront les connaissances techniques et pratiques utiles à former des ouvriers spécialisés, futurs contremaîtres dans les industries locales, tannerie et chapellerie et des mécaniciens agricoles alors que le machinisme est en plein développement ; un enseignement général pour des élèves qui se destinent à l'Administration ou l'Ecole Normale, le commerce. L'objectif est aussi de juguler « l'exode des campagnes » et « garder l'agriculteur à la terre ». Aussi est-il envisagé de créer une section agricole spéciale (sans pour autant faire tort à l'école d'agriculture de Neuvic) afin de former des auxiliaires indispensables à l'agriculteur. « Nous habitons une région déshéritée » et les écoles de cette sorte sont à Brive, Clermont ou Montluçon, explique

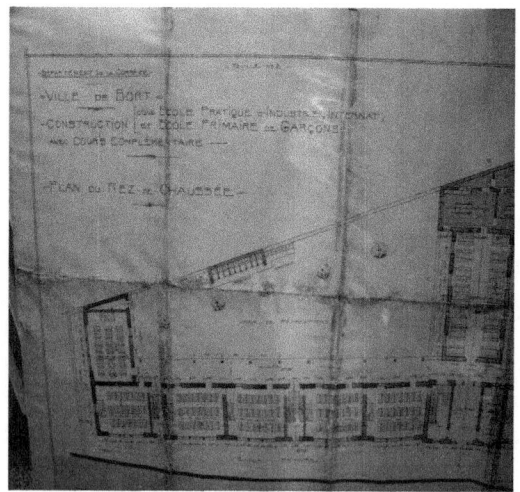

le maire qui pense attirer à Bort, « centre de négoce important et centre industriel », les enfants des cantons voisins, « toute la jeunesse de toute une importante région…/… beaucoup plus peuplée que celle de Meymac ou Egletons », où les cours complémentaires existants n'ont pas l'envergure envisagée à Bort…

Dans une délibération du conseil municipal de **décembre 1925** on lit bien
« école communale cours complémentaire avec internat – école pratique
d'industrie » ; M. Saule, l'architecte, rédige un nouveau rapport sur cette
construction et réalise de nouveaux plans, c'est l'un d'entre eux et le seul
à ma connaissance, qui existe encore, celui du rez-de-chaussée, que l'on
m'a retrouvé et qui est affiché au collège actuel, intitulé « construction
d'une école pratique d'industrie, internat, et école primaire de garçons
avec cours complémentaire », il date de **1925**.

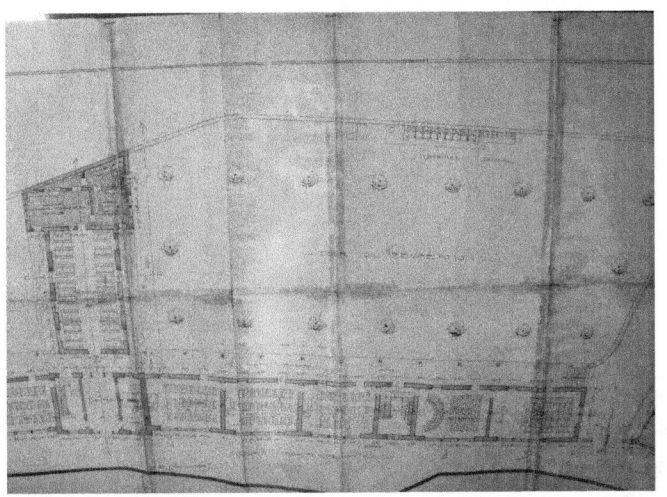

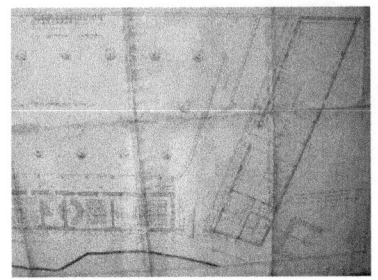

Ce sont les grandes lignes de
l'établissement actuel, parfaitement
reconnaissables même si des modifications
sont apparues plus tard. Que sont devenus
les autres plans et peut-être dessins de
façades comme dans le projet précédent ?

Ils ne figurent pas aux archives départementales, comme c'est le cas pour
les autres, hélas… M. le maire adresse le dossier de construction de

l'école de garçons et du projet de l'école technique en « double exemplaire, l'un destiné à la direction de l'instruction Publique, l'autre à la Direction de l'Enseignement Technique, ces deux directions étant intéressées par notre projet ». Il y joint le devis des travaux qui s'élève à 1 473 500F. Un mois plus tard, le sous secrétariat d'Etat à l'enseignement technique accuse réception du projet de construction d'une école pratique. Enfin le sous-secrétaire d'état de l'enseignement technique écrit au préfet de la Corrèze « J'ai l'honneur de vous faire connaître que par arrêté en date du **15 juin 1926** il a été créé à Bort-les-Orgues une école pratique de commerce et d'industrie pour les garçons. »

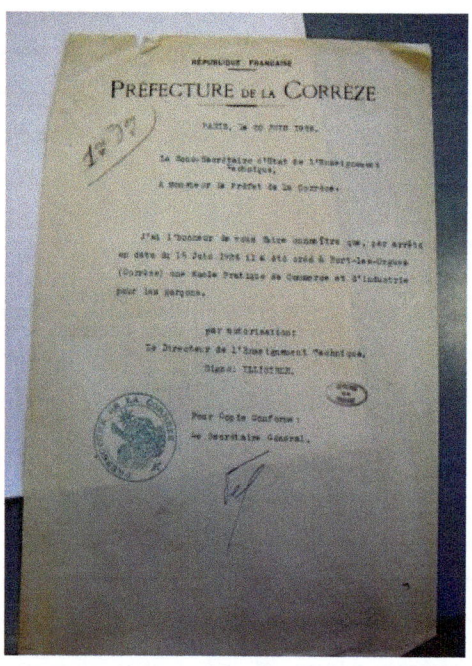
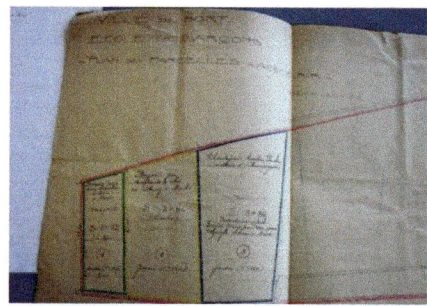
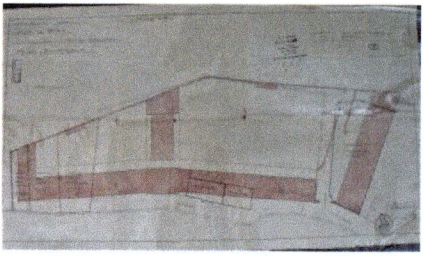

De nouvelles parcelles sont à acquérir pour la commune courant 1926-27 : il s'agit de jardins, au nord, appartenant à Louis Fraysse, époux de

Marguerite Chevallier, entrepreneur de monuments à Bort ; Jean Begon, époux de Marie Maisonneuve, marchand de cycles au faubourg à Bort ; Etienne Jean Pierre Boudet, époux de Philomèle Delzongle, charron à Bort ; au sud, un autre jardin appartenant à Jean Durif (que nous connaissons déjà) époux de Albertine Welter. Une convention est signée en août 1927 entre les époux Fraysse et la commune de Bort concernant le passage d'une canalisation d'eau sur le terrain de ces derniers. Un échange de terrains aura lieu entre la commune de Bort et la Compagnie d'Orléans pour des espaces liés à la voie ferrée. Une autre parcelle sera acquise auprès de Germain Veyssier afin d'élargir la rue des Ecoles.

Le sous-secrétaire d'Etat écrit au Préfet en **mars 1929** en ce qui concerne l'organisation de l'école : « un Directeur sera nommé prochainement à l'école pratique, il sera directeur de l'internat et recevra des élèves du cours complémentaire et de l'école primaire.../... Les élèves du cours complémentaire et de l'école primaire resteront sous l'autorité du directeur du cours complémentaire pendant les classes et sous celle du directeur de l'école pratique quand ils seront à l'internat.../... L'enseignement général doit permettre la continuation d'études ou la préparation aux examens des écoles nationales d'arts et métiers et professionnelles. L'école comprendra une section industrielle et une section commerciale et préparera à l'exercice d'un métier. » Un concierge est nommé par le conseil municipal en novembre 1929, en la personne de M Gourre, qui perçoit 5000F annuels et est logé.

Les travaux de l'école Marmontel, dont l'inauguration a lieu le 30 juin 1930, ne sont pas terminés pour autant car il faut de nouveau agrandir ; dès mai 1930 on prévoit d'ajouter deux salles de classes et surélever en conséquence le bâtiment nord. Une lettre du maire à M. le Préfet, en **mai 1931**, nous apprend : « Je vous serais très obligé de bien vouloir m'autoriser à mettre en adjudication les travaux de surélévation de l'école car les deux classes que nous devons construire doivent être obligatoirement prêtes à la rentrée d'octobre 1931… » et il explique que ces travaux ne peuvent s'effectuer que pendant les vacances scolaires du fait de la salle de classe en fonctionnement au rez-de-chaussée. Je comprends donc que j'avais eu raison de constater sur deux cartes postales, en les comparant, qu'effectivement l'aile nord avait été modifiée et cela explique aussi que les ouvertures ne soient pas identiques à celles de la façade voisine ! M. Baluze, Directeur de l'école de garçons, fait visiter ces deux nouvelles salles à M. l'Inspecteur d'Académie dès leur achèvement.

Une délibération du 9 mai 1930 nous apprend que le maire propose au conseil l'achat de 3000 cartes postales représentant les ateliers, les salles et bâtiments de l'école Marmontel : je suppose qu'il s'agit du carnet de cartes détachables dont un exemplaire existe au collège actuel. Des reproductions existent en ligne sur un site internet mais elles ne peuvent pas dater de 1923 comme indiqué puisque les bâtiments n'étaient pas encore construits et que cette délibération date de 1930… Le 10 juillet de cette même année, après approbation du conseil municipal, le maire passe commande aux établissements d'horlogerie électrique A Devron, 2 rue Lafon à Lyon, d'une horloge électrique de 1,40 m de diamètre pour 4200fr : elle orne toujours la façade ouest du bâtiment principal mais ne fonctionne plus, malheureusement, depuis longtemps bien qu'elle ait été l'orgueil de la cité.

Quelle longue histoire que cette reconstruction de l'école Marmontel…

101

Chapitre VIII
29 juin 1930

Dès le mois de mai, le maire, Jean Baptiste Brun, fait savoir que l'inauguration de la nouvelle école Marmontel aura lieu fin juin, 400 affiches et 3000 prospectus seront édités ; il annonce qu'elle sera présidée par M. Camille Chautemps (ancien président du conseil) et Henri Queuille (ancien ministre, élu de Neuvic d'Ussel et député de la Corrèze), et que les rues de Bort seront pavoisées. Pourquoi pavoiser Bort, s'insurge une certaine opposition ? Cela n'est pas équivalent à une visite présidentielle telle que celle de M. Poincaré en 1913, clame-t-elle, et de dénoncer cette « manifestation cartelliste » à ses yeux et qualifiée de « propagande radicale » fomentée par « Queuille, Brun et Cie ».

1930 - Inauguration de l'Ecole Pratique (Industrie et Commerce)

M. Brun reviendra sur cette proposition et le 26 juin le programme de la journée est affiché en première page de l'Union Républicaine des Montagnes : retraite aux flambeaux et départ d'une montgolfière le samedi 28 ; dimanche 29, ce sera distribution de vivres aux indigents, cortège, dépôt de gerbe puis à 11h inauguration sous la présidence de M. Labbé, Directeur Général de l'Enseignement Technique, M. Le Recteur de l'Académie de Clermont et les inspecteurs de Corrèze et Cantal. A 12h c'est le « grand banquet démocratique » qui sera présidé par M. Chautemps et Queuille, M. les parlementaires de Corrèze, du Cantal et du

Puy de Dôme. Durant l'après-midi se dérouleront des jeux, courses et présentation de gymnastique. Un grand concert et un grand feu d'artifice clôtureront cette journée mémorable, une grande fête de nuit avec attractions foraines et bals.

Les numéros de juillet de *l'Union républicaine des Montagnes* (cote 126PR/1 1930-1931 aux archives départementales) rendent compte de cette manifestation : la température était « tropicale », le soleil bien chaleureux, la ville décorée de guirlandes et arcs de triomphe. Elle eut lieu en présence de M. Baluze, Directeur du cours complémentaire d'enseignement primaire supérieur et M. Peytavin, Directeur du cours technique. Mme veuve Besson de l'hôtel du Cantal assura le banquet prévu pour 300 personnes au départ, les convives furent cinq cent cinquante , en salle St Jacques mise à disposition par les établissements Mègemond (usine St Jacques avenue Victor Hugo, siège de la chapellerie), à 20Fr le couvert, le menu étant constitué de : jambon, saucisson, saumon, filet de bœuf sauce Périgueux, haricots verts sautés, salade de saison, dessert, corbeille de fruits, vins vieux, café. Onze discours émaillèrent ce banquet mais pas un mot pour M. Baluze, souligne l'opposition, au contraire de M. Peytavin, alors qu'il n'y a aucune subordination entre ces deux dirigeants de l'école. Quelques remous ont donc agité la presse à cette occasion.

On note également un oubli regrettable : ne pas s'être arrêté devant la maison natale de Jean François Marmontel, l'enfant du pays, pourtant à l'honneur ce jour-là. L'opposition accusa aussi le maire de ne pas avoir invité le nouveau Préfet mais M. Brun exprime « le vif regret de ne pouvoir compter parmi nous M. Léon, préfet de la Corrèze, qui nous quitte après un trop bref séjour parmi nous » dans son allocution. Et surtout, ces mêmes opposants j'imagine, s'emparent, sous le titre « une muflerie », du fait que la presse locale n'a pas été invitée au banquet, « le propre de notre Mussolini »... Pourtant M. Chautemps remercie « les représentants de la Presse régionale et de la Grande Presse qui se sont déplacés ». Aux qualificatifs de « grandiose et inoubliable » utilisés par le Maire au sujet de cette cérémonie, les contradicteurs opposent celui de « quelconque » et au « banquet démocratique », les termes de « manifestation politique ».

C'est un peu ce que semble retenir, sans le dire vraiment, *le Corrézien*, qui dans son numéro du mardi 1er juillet (cote 8PR/96 aux archives départementales) n'accorde que douze lignes, dans la colonne arrondissement d'Ussel, à cet événement. Tandis que le journal *la Montagne Corrézienne*, dans son numéro du 6 juillet 1930 (cote 120PR/7 aux archives départementales) rend compte de la manifestation en première et deuxième pages, sur pas moins de huit colonnes, reproduisant intégralement les discours d'inauguration de M. Brun et Labbé, puis à nouveau l'intervention de M. Brun et celle de M. Chautemps lors du banquet. Quelques extraits : « Je fais appel aux souvenirs des Bortois qui ont connu les anciens bâtiments délabrés sur l'emplacement desquels se dresse notre Ecole Moderne.../...Vous venez de visiter notre Ecole de garçons, Messieurs, vous y avez vu groupées les classes primaires, les salles du cours complémentaire, enfin les locaux de l'Ecole professionnelle, ses salles de dessin, de sciences, de section commerciale, ses ateliers, son internat.../... Certains esprits chagrins ont pensé que nous avions vu trop grand et qu'une école de cette importance ne s'expliquait guère dans une commune qui compte moins de 4000 habitants.../...craintes de gaspillages et de dépenses inutiles.../... » M. Brun souligne que cette école fonctionne depuis un an et qu'elle a commencé « dans des conditions précaires du fait du retard dans la livraison du matériel », qu'on a « voulu donner à cette école le nom du plus illustre des enfants de notre cité…/… valeur de symbole », du fait des origines modestes de Jean François Marmontel. Il confie les autres projets que la municipalité nourrit : « Nous n'avons fait qu'une partie de notre devoir en réalisant l'Ecole Marmontel et nous saurons la compléter demain en songeant à nos jeunes filles. L'enseignement ménager…/… est aujourd'hui le complément indispensable de l'instruction féminine. Préparer des ménagères aptes à gérer le budget familial, même modeste, est un devoir…/…Nous vous demandons seulement en ce jour, M. le Directeur général de bien vouloir prendre note de notre désir de compléter notre œuvre…/… » Ce à quoi M. Labbé fait écho: « Nous avons ouvert une section industrielle pour la forge, l'ajustage, la menuiserie parce que vous avez besoin d'ouvriers qualifiés. Nous préparerons aux écoles d'arts et métiers dans une section spéciale…/…Nous avons également ouvert une section commerciale et prévu des cours d'artisanat rural. Rien de tout cela n'est trop ambitieux…/…J'ai la conviction que l'école de Bort-les-Orgues sera utile, qu'elle tiendra une place honorable parmi les écoles techniques…/… » En fait, c'est autant, sinon plus, cette école pratique qui fut inaugurée que le groupe scolaire Marmontel…

Les mémoires vives font défaut pour nous aider à comprendre comment tout cela a pu être apprécié : « splendide manifestation laïque et républicaine » pour tous ? Nul doute que l'embrasement de l'école Marmontel, de l'hôtel de ville, du pont et de la place Marmontel à la nuit tombante ont dû marquer les esprits. « On ne circulait qu'avec peine dans les rues emplies d'une foule en fête. Tout Bort accru de visiteurs nombreux applaudit…/… » rapporte le journaliste de la Montagne. Le 13 juillet suivant, M. Brun remercia les Bortois et Bortoises « pour la réception grandiose et inoubliable que vous avez réservée à nos hôtes du 29 juin. »

Chapitre IX
L'histoire de Jeannette

Jeannette n'avait pas encore huit ans et elle venait à l'école à Marmontel, c'était pendant la seconde guerre mondiale. Elle se souvient de leurs blouses grises d'écoliers, de son tablier noir qu'elle aimait bien, du maître et de la règle avec laquelle il leur tapait sur les doigts. L'école était vieille mais tout était propre. Elle se souvient de la neige à la sortie de l'école et du froid pour lequel les enfants n'étaient pas suffisamment habillés, il fallait bourrer ses sabots de papier journal pour se réchauffer les pieds mais quelle joie de glisser dans la rue verglacée (la rue des Ecoles) ! La petite fille aimait beaucoup l'école parce qu'on apprenait, dit-elle, pas tant la géographie, mais l'histoire, oui. Elle a conservé son livre d'histoire.

Histoire cependant qui joue de drôles de tours aux petits enfants quand elle prend un ton dramatique, traumatique, sous une latitude ou une autre, à telle ou telle période agitée. Arrivés à un âge certain, les vieux enfants en conservent des souvenirs disparates, ils se rappellent : ils avaient tant besoin d'amour !

Jeannette est née en 1938 à Paris, de parents polonais. Son père était tailleur pour dames. Elle avait un frère plus âgé qu'elle de quatre ans. En 40, pense-t-elle, « les Allemands ont commencé à montrer ce qu'ils voulaient » ; son père, très patriote, voulait « défendre la France » ; soldat français, il s'est retrouvé prisonnier avec d'autres soldats français au Maroc. C'est pourquoi en 42, Jeannette vivait seule avec sa mère et son frère à Paris. Un jour qu'elle revenait de promenade avec sa mère et une amie, elles virent toutes les femmes réunies, en pleurs dans la cour de leur immeuble. Au paroxysme de l'angoisse et de la panique, la petite ne comprenait pas ce qu'il se passait d'autant plus que la concierge l'a cachée dans un placard, en lui intimant l'ordre de « ne pas parler, pas crier, pas pleurer... » C'est ainsi que les Allemands ont pris sa mère, Myriam G. mourra à Auschwitz, seuls deux ont survécu des six ou sept frères et sœurs qu'elle avait. Deux ou trois jours après, l'amie de sa mère est venue la chercher et ils sont partis en train dans lequel il y avait « plein de gens qui fuyaient pour aller n'importe où ». C'est ainsi qu'ils arrivèrent à Bort, directement dans une famille française qui allait la cacher tandis que son frère, dont elle se retrouva séparée et qu'elle n'allait revoir qu'une fois par an, avec un cousin, rejoignait une autre famille à Margerides.

A Bort, elle mène une vie normale, la vie de n'importe quel enfant, ce qui lui permet de survivre en réalité. Les gens chez qui elle demeure lui ont donné comme consigne de les appeler tonton et tata et de ne jamais répondre autrement que par son prénom si on lui demandait comment elle s'appelait, surtout si c'était des soldats allemands, ceux qu'on pouvait voir, avec des chiens, dont les enfants avaient très peur. Il y avait quatre autres enfants chez tonton et tata R, dont un bébé tout blond, comme en témoigne une photographie sur laquelle figurent Mme R. et une autre dame, mais qui étaient-ils ? Les propres enfants de M. et Mme R ou d'autres petits réfugiés comme elle ? Elle l'ignore. De même, elle ne savait plus qu'elle avait un père et une mère ; tout était perdu à Paris, la famille, les amis, la maison.

Elle va à l'église, comme les autres enfants. Et puis, à l'âge de huit ans, alors qu'elle souhaite ardemment faire sa communion (pour porter la belle robe blanche), un monsieur arrive qu'elle ne connaît pas et son frère lui annonce « papa est là ». Elle, ne savait pas, ne pouvait pas savoir (« on ne parlait pas de ces choses »), qu'il s'était sauvé du camp où il était retenu prisonnier au Maroc, comme l'un de ses frères. Heureusement le père savait où étaient ses enfants. C'est lui qui lui répond qu'elle ne peut pas faire sa communion : « Tu n'es pas catholique, tu es juive et on va partir… » Mais elle, ne comprend pas la différence entre juive et catholique et elle aurait tellement aimé porter la belle robe blanche comme les autres petites filles ! Elle a son passeport délivré par la préfecture de Corrèze, à l'adresse : 16 avenue de la Gare et ils partent à Marseille pour prendre un bateau (« la Désirade ») en direction de l'Amérique du sud, l'Uruguay, où sont déjà une tante et un oncle. Elle arrive à Montevideo le jour de ses huit ans. Le pays est très tranquille et les gens se montrent très aimables. Il y a beaucoup d'Espagnols. Elle va au lycée français de Montevideo, c'est très cher, elle y a des cours en français le matin et des cours d'espagnol l'après-midi. Elle fait un an de lycée puis doit travailler car la vie est difficile pour les migrants. Son père se remarie.

Jeannette rencontre un Polonais qui a connu les camps de concentration, l'épouse et a deux enfants puis quatre petits enfants qui la ravissent. C'est avec l'un d'entre eux et grâce à lui, Bryan, qui vit à Genève, qu'elle revient, un beau jour d'octobre 2016 sur les traces de son enfance bortoise et notamment au collège où nous faisons connaissance. Mais elle ignorait que Bort avait tant changé, elle ne reconnaît rien hormis ce qu'elle appelle le théâtre (le cinéma actuel ?) et l'église. Elle ne retrouve pas la maison où elle a vécu quelques années et cela la chagrine. « J'ai eu une bonne vie à Bort, confie-t-elle, il n'y avait pas de danger à Bort et nos parents adoptifs nous ont élevés le mieux possible, mais ce n'était pas ma famille. »

J'ai enquêté. Mme R décédée en 1974, a eu deux enfants : Jean, décédé à 92 ans en 2014, père de Danielle, mon interlocutrice actuelle à Grenoble, et Simone, qui ne s'est jamais mariée, décédée à 92 ans en juillet 2011 hélas (car elle était la mémoire de la famille selon Danielle et aurait pu nous en dire bien davantage). Oui, la grand-mère de Danielle a bien vécu à Paris, c'est elle la concierge qui a caché Jeannette rue Desnouettes ! Quant à son grand père, il était pompier à Paris puis ils sont venus à Bort et dans les années 50 il a été conducteur d'autocar, quand il fallait véhiculer les nombreux ouvriers du chantier du barrage… Danielle dit qu'ils ont habité avenue Victor Hugo mais la maison étant devenue trop petite ils ont acheté une maison à la Plantade, dont elle est la seule héritière. Les souvenirs de Jeannette restent imprécis : a-t-elle habité avenue de la gare ou avenue Victor Hugo? Elle se souvient d'une cour et d'un jardin plaisant…

Mme R. a été décorée de la médaille de chevalier l'Ordre du Mérite par M. Chirac en 1970, le jour de la Fête des mères : il rappelle qui elle est dans son discours en ces termes : « C'est la rumeur publique qui a appelé l'attention du gouvernement sur la personnalité attachante de Mme Reuge. Née à Eygurande en 1893, elle s'est installée à la suite de son mariage, en 1917, à Bort-les-Orgues où, depuis 1933 elle se consacre aux soins des nourrissons et des enfants en bas âge qui lui ont été confiés par les familles des environs…/… l'attribution de cette croix récompenserait près de quarante années de services rendus avec modestie à la collectivité…/… vous avez assumé cette vocation avec une générosité et une dignité qui ont peu d'exemple… » Le joli profil d'une dame aux cheveux blancs, souriante, illustre l'article de journal qui lui est consacré à cette occasion.

Je me suis longtemps demandé pourquoi Jeannette était venue à l'école Marmontel qui était encore école de garçons à cette époque-là. Reste à prouver que la Kommandantur avait effectivement investi l'école de filles, ce qui expliquerait tout.

On m'a rapporté que Jeannot S., un enseignant, dans une de ses conférences, avait parlé d'un juif qui aurait été caché à Marmontel pendant la guerre, mais impossible de retrouver traces de cela : n'est-ce pas plutôt l'histoire d'une petite fille juive réfugiée à Bort et qui aurait fréquenté l'école communale ?...

Chapitre X
Ecole pratique, collège technique

L'histoire du collège Marmontel et du lycée Bort-Artense actuels reste intimement liée à l'Ecole pratique qui vit jour à Bort-les-Orgues en 1926. Les EPCI (Ecoles pratiques de Commerce et d'Industrie), avec section commerciale et section industrielle, ont été créées par la loi du 26 janvier 1892 afin de former des employés et des ouvriers habiles et instruits et pour remédier à un apprentissage qu'on jugeait décadent.

A Bort on souhaite l'ouverture d'une école professionnelle depuis 1880. Ce n'est qu'en décembre 1925 que le conseil municipal et son maire, Jean Baptiste Brun, approuvent le projet de « l'école communale – cours complémentaire, avec internat et école pratique d'industrie ». L'accord du ministère est octroyé en juin 1926 ainsi qu'une subvention pour frais de premier établissement, l'assemblée locale se prononce également pour le financement des travaux en avril 1927. Dans ce projet « il faut sans doute voir la main de Charles Spinasse, député SFIO de la seconde circonscription de la Corrèze (et rapporteur de l'enseignement technique en 1929), qui appartenait au Cartel des gauches et qui obtient, par la suite, une augmentation des subventions afin d'accélérer la construction des bâtiments destinés à l'hébergement de l'école » confient les deux auteurs de l'étude sur les établissements techniques en France.

Les travaux eurent lieu pendant les années 28-29-30 ; dès septembre 1928 l'aile nord est prête à recevoir l'école primaire riche de six classes et l'aile sud les premiers cours de l'école pratique un an plus tard, accueillant 15 élèves en section industrielle (forge, mécanique, menuiserie) et 7 en section commerciale. Non seulement on y apprend un métier mais on peut aussi préparer des concours d'entrée aux écoles d'Arts et métiers, à l'école nationale des mécaniciens des PTT, à l'école des officiers mécaniciens de la marine marchande et des écoles supérieures de commerce.

Après celle de Brive, c'est la seconde école pratique de commerce et d'industrie ouverte dans le département. Elle fera partie du groupe scolaire Marmontel jusqu'en 1964 après s'être dénommée Collège technique en 1942.

En marge de l'histoire du collège Marmontel, l'épisode suivant qui appartient à l'histoire du lycée et est postérieur à mes préoccupations, quoique l'on m'ait assuré que dès les années 30 une convention de partenariat a existé entre l'Ecole pratique et les NV qui ne s'appelaient pas encore NV (mais les archives du lycée ayant en grande partie disparu je n'ai pas pu retrouver cette convention que l'on m'affirme avoir lue) ; si je veux rapporter cet épisode cependant, c'est que les **Négociants Voyageurs** sont une page brillante et incontournable de l'histoire locale, Bort étant « la Mecque » de la profession, à laquelle le lycée fut lié durant une vingtaine d'années sinon plus. C'est à resituer bien évidemment dans le contexte économique et social de l'époque, et tout particulièrement celui de la région.

L'actuel lycée professionnel offre toujours une voie de formation industrielle (travail du bois) et une commerciale axée sur la vente ; dès 1968 l'Union des syndicats des Négociants Voyageurs (profession héritière lointaine des colporteurs, marchands de toiles notamment, particulièrement active en Auvergne-Limousin), dont la Foire a lieu tous les ans en juillet à Bort précisément, ville carrefour et de tradition commerciale, envisage de recruter des élèves au lycée technique de Bort pour préparer au métier de négociant voyageur, assurer « la relève » nécessaire et enrayer le vieillissement de la profession ; cela sera effectif lors de la signature d'une **convention en 1974**, qui entérine la formation d'élèves issus de classe de 3ème dans deux sections, il y eut jusqu'à 45 postulants pour 25 places en 1983. Pendant les dix années qui suivent, la formation connaît des hauts et des bas, tant en termes de recrutement que résultats, malgré les efforts conséquents des uns et des autres. Fin 92 la formation est suspendue « faute de résultats d'une part et de financement d'autre part ». Un an plus tard,alors que la formation n'est plus financée directement par l'Education nationale, l'Assemblée Générale des NV décide à l'unanimité « de ne pas reconduire cette formation qui coûte cher à la Fédération sans aucun résultat sur nos effectifs ».

Revenons au groupe scolaire Marmontel et son Ecole Pratique dont l'inauguration eut lieu le 29 juin 1930 et fut grandiose : « La ville entière était pavoisée et fleurie avec autant de goût que de profusion. Les habitants de la région Auvergne et Limousin étaient venus en foule » est-il rapporté dans le registre des délibérations du Conseil Municipal.

M. Emile Peytavin, ancien professeur de l'école pratique de Mende, dirigea l'école d'août 29 à novembre 39 où il fut mobilisé. M. Henri Stoll, ancien directeur de première classe de l'école pratique d'industrie et école de perfectionnement des industries techniques de Strasbourg, lui succéda.

Deux à cinq professeurs (anglais, commerce, lettres, mathématiques, sciences), un à deux professeurs adjoints (commerce, lettres), un professeur chef de travaux et deux contremaîtres municipaux (mécanique et menuiserie) encadrent les élèves qui sont au nombre de 34, dont la moitié d'internes, en 1929, pour atteindre neuf ans plus tard le nombre de

116. Ces élèves reçoivent un enseignement général (français, grammaire, orthographe, algèbre, arithmétique, géométrie, physique, chimie, électricité, histoire, géographie) et un enseignement professionnel soit industriel (forge, mécanique, ajustage, menuiserie, ébénisterie), soit commercial (comptabilité, commerce, législation, anglais, sténo-dactylographie) ainsi que deux heures hebdomadaires d'éducation physique. Une section spéciale prépare aux concours. Sinon, à l'issue des trois années d'études, les élèves passent un diplôme de fin d'études industrielles ou commerciales.

Dans les années 50-55, Gaston Deshors est élève au collège technique (ex EPI par conséquent). L'établissement drainait les élèves de Corrèze et du Cantal, jusqu'à soixante kilomètres à la ronde, dont Peyrelevade où demeurait Gaston. Cela signifiait être interne, d'où des problèmes de transport et de coût. A Bort on faisait sa sixième et on allait jusqu'en première, les « éloignés » commençaient par la cinquième mais, pour gagner un an d'internat, Gaston commencerait en quatrième ; l'instituteur le faisait travailler, lui et d'autres, le soir en ce sens. Et bien qu'appartenant à la bourgeoisie de Peyrelevade (son père était entrepreneur et travaillait sur les barrages), sa mère cousait des casquettes pour aider à financer son entrée au collège. C'est ce même instituteur, M. C., qui par la suite, emmène Gaston à Bort en voiture, à l'internat : les jeunes pensionnaires ne rentrent chez eux qu'aux vacances (trois quatre jours à Toussaint puis Noël, mais Gaston évite de rentrer à la Toussaint car son père l'aurait fait « marner » dur).

Gaston Deshors se souvient : Bort est un petit collège avec 50 ou 60 internes, 20 à 25 élèves par classe. A droite du bâtiment, le collège technique où l'on prépare toutes les formes de CAP et le brevet d'enseignement industriel (BEI) ; quelques filles font de la maroquinerie, une seule est en section industrielle ; à gauche, le collège moderne où l'on prépare le Brevet. Il se rappelle, à l'entrée au rez-de-chaussée, le bureau du directeur, un certain M. Vialle dont l'épouse, peut-être, dirigeait l'école primaire, le bureau (et la cloche à côté) du surveillant général, un certain M. R. Camille, le réfectoire et la cuisine avec Mme M. comme chef de cuisine, deux grandes chambres (les dortoirs) de garçons à l'étage (les filles, moins nombreuses, logent chez l'habitant). Les cours de sciences ont lieu dans un amphithéâtre, là où il y a une trappe sous l'estrade, ce qui permet à des élèves de jouer aux esprits. Quand Gaston Deshors est arrivé en quatrième, il a été bien incommodé par les cours d'anglais qu'il n'avait pas suivis, contrairement aux autres depuis la sixième, et le « sit down » d'entrée l'a bien mis mal à l'aise puisqu'il n'en comprenait pas le sens : l'enseignante l'a alors puni et laissé debout toute l'heure… d'où une amertume et détestation de cette enseignante qui a manqué de clairvoyance et d'indulgence, pour le moins. Il a suivi les classes de 4è, 3è, 2de et 1ère au collège de Bort ; sa Terminale, il l'a faite à Clermont, on ne préparait pas le Bac au collège de Bort. Des élèves poursuivaient leurs études techniques supérieures à Egletons ou Felletin pour préparer leur entrée à Arts et Métiers.

Pour le nouveau qu'il est, parmi d'autres, c'est jusqu'à Toussaint, le temps du bizutage : les autres lui ont fait mesurer avec des allumettes la longueur du préau, très long, c'est-à-dire la galerie couverte ! Moindre mal pour Gaston qui, en outre, se retrouve protégé par la gentillesse d'un plus grand que lui, de seconde ou première, André B., qui accourt dès qu'il le voit en larmes et devient un ami indéfectible. Un autre a eu beaucoup moins de chance : c'était un gars de Limoges, repéré parce que très riche, il venait en avion ! Il fut attaché tout nu à l'un des arbres de la cour et les filles, outrageusement barbouillées, l'embrassèrent sur tout le corps afin de lui laisser des traces évidentes… Les internes possèdent une caisse de nourriture fermée par un cadenas. Dans les dortoirs, les farces sont classiques, typiques de tous les internats : lits en portefeuille, lits en cathédrales… En hiver il fait très froid et l'eau gèle dans les tuyauteries : les internes gravissent une échelle dressée le long du mur du talus de la voie ferrée, à côté des toilettes à la turque, pour aller faire leurs ablutions à l'eau d'une source au-delà des rails.

Gaston Deshors se souvient des cours de dessin qui avaient lieu dans des bâtiments préfabriqués du Pré-Mongeal, à côté du stade, où ils se rendaient à pied à une demi-heure de là. Au collège, la première salle, la salle d'étude, était surveillées par des « pions » (il y en avait trois ou quatre au collège) qui aidaient les élèves dans une atmosphère très studieuse, ces études avaient lieu de 16h jusqu'à 17h et le soir jusqu'à 21h, les filles travaillaient dans une salle à part. Le samedi matin, « Pépé Roques » (arrivé comme jeune enseignant de sport en octobre 1950 et ainsi surnommé par des générations d'élèves) emmenait les élèves faire en footing le tour des orgues. C'est aussi le samedi matin que ce même enseignant dispensait des cours d'éducation sexuelle, Gaston Deshors se souvient d'un gamin de treize ans, le plus jeune de leur groupe, qui ne comprenait pas et n'arrêtait pas de poser des questions… On imagine comme ça devait pouffer de rire autour de lui.

Le jeudi après-midi était jour de promenade et les internes allaient au château de Val ou bien jusqu'à Margerides, à pied, en chantant, encadrés par un pion. Gaston Deshors aurait bien aimé, lui, rester à l'internat avec ses copains mais on ne leur demandait pas leur avis ! Le dimanche, ceux qui bénéficiaient d'un correspondant en ville (obligatoire à 18 ans) avaient un bulletin de sortie que ce correspondant venait signer. Gaston en eut un, à la fin de sa scolarité à Bort, en la personne d'un commerçant de Bort dont il a oublié le nom, sans savoir comment son père s'était débrouillé pour cela. Aux beaux jours, ils allaient se baigner au Saut de la Saule, là il y avait un arbre qui servait de plongeoir, bien pratique, au dessus des eaux de la Rhue, et malgré le danger que pouvaient masquer les rochers qui affleuraient, il n'y eut jamais d'accident ; c'est là un des meilleurs souvenirs de sa vie d'interne que cette sortie dans un cadre aussi plaisant que celui de la Cascade, proche des usines de la soierie. Pour ceux de 18 ans, qui avaient possibilité de sortir, ils allaient danser à Champs sur Tarentaine ; un copain, plus riche, lui prêtait son blouson pour l'occasion. Mais on allait bien aussi taquiner le baby foot dans l'un des cafés rue de la Gare, proche.

Puis ces années collège (on dirait lycée aujourd'hui) achevées, Gaston est parti travailler à Paris, a suivi les cours des Arts et Métiers, a été dessinateur puis a suivi une formation d'ingénieur commercial et est devenu cadre. Parmi ses copains, l'un a tenu un bar-café « l'Eschollier », à Paris, place de la Sorbonne, un autre est devenu artiste à Bugeat, tandis que l'excellent élève de 1ère devenait forgeron. Jojo (Georges) L., le fainéant (sic Gaston) de la section comptabilité, a connu la meilleure des réussites financières puisqu'il est devenu expert-comptable et a fondé sa propre société ; c'est lui qui a présidé par la suite, l'association des anciens élèves, dont le but était d'aider ses pairs, sur le modèle et en étroite relation avec les organisations amicales des Auvergnats de la capitale. Cette Amicale des anciens élèves dont Gaston Deshors a été à l'origine avec son ami Jojo, s'appelait les Aigles noirs dont elle était une émanation : j'en veux pour preuve une lettre dactylographiée, ronéotypée de novembre 64 adressée aux membres de *l'association en projet* que m'a fournie Gaston Deshors, invitant les anciens à se réunir à l'Eschollier, place de la Sorbonne à Paris, chez l'un des leurs qui tient restaurant.
Ces **Aigles noirs** : une énigme pour moi cependant car ils sont deux à en revendiquer l'acte de naissance et la paternité ! M. Roques dit en être le

121

fondateur en tant qu'association sportive et M. Deshors en revendique également la fondation en termes d'association d'anciens élèves ! Après vérification, officiellement, en sous-préfecture et au Journal Officiel, il existe une association dite « les Aigles noirs, association sportive du lycée Bort Artense » dont les statuts ont été déposés le 14 février 2011, précédemment elle s'appelait « lycée professionnel des Aigles noirs » et avait été déclarée le 10 novembre 1986. Bien plus tôt cependant, m'a expliqué Raymond Quéraux qui fut proviseur du lycée en 2001 et suivantes, passionné d'histoire du sport, les Aigles noirs avaient été déclarés comme association sportive le 11 janvier 1943 en sous-préfecture d'Ussel et succédaient à l'Abeille sportive créée le 17 janvier 1930, dissoute en octobre 1942...

M. Roques m'a donné un exemplaire d'une page polycopiée non datée intitulée « la vie au foyer - l'association sportive » dont il est sans doute l'auteur : il écrit que l'association des « Aigles noirs » fut officiellement fondée et déclarée le 17 janvier 1930 sous le n° 198 par E. Peytavin, Directeur de l'Ecole Pratique de Bort. Qu'elle adopta le nom de « l'Abeille sportive » société d'athlétisme et de jeux…/… que « l'abeille devint aiglon en 1942 », que l'association était affiliée au sport universitaire…/… qu'on y pratiquait le basket, le football, le rugby et l'athlétisme…

Gaston Deshors, lui, m'a donné deux documents à en-tête de l'Amicale des anciens élèves – les Aigles noirs. Et sur un des panneaux fabriqués par M. Roques, je lis « Grâce à l'association des anciens élèves présidée par M. L., originaire d'Apchon et scolarisé au collège technique dans les années 50, d'importantes manifestations furent organisées en 1966 et 67…/… M. L., directeur d'un important cabinet d'experts comptables à Paris... », il s'agit bien du Jojo dont m'a parlé M. Deshors.

D'où mes questions : les Aigles noirs ont-ils été à la fois association sportive et amicale des anciens élèves ? Sans doute... Ou ce nom donné à l'amicale des anciens n'a-t-il été qu'un projet ? Je ne le pense pas puisqu'une telle amicale a bel et bien existé au sein du lycée.

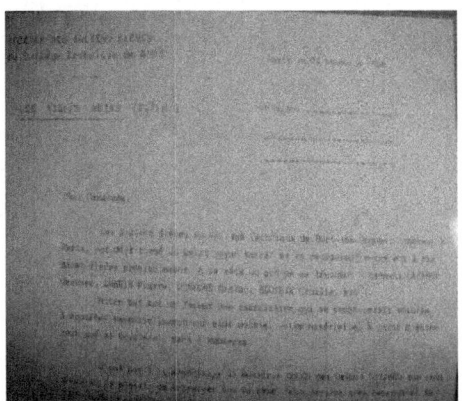 

J'ai pu recueillir, en toute dernière phase de ma recherche et de cette écriture, les témoignages de deux autres anciens élèves du collège technique : Mme V., de Ydes, qui fut élève, interne, en section commerciale de 1956 à 1958 et M. V., de la Plantade, externe, de 1954 à 1959 en section industrielle. Tous deux se sont remémorés avec une certaine espièglerie rétrospective les surnoms des enseignants de l'époque, pas un n'étant épargné semble-t-il. Mais les élèves étaient sages alors, affirment-ils : pas question de se retrouver en colle le samedi ou le dimanche ! Même s'il fallait aller chercher des cigarettes à l'extérieur à ses risques et périls, pour honorer la commande de plus grands qu'eux. Une douzaine de filles internes et leur surveillante logeaient dans une grande maison bourgeoise à colonnes à l'extérieur du collège, plus loin que le cinéma (?) et devaient traverser tout Bort matin et soir. Le jeudi, elles allaient aux bains-douches municipaux. Quand elle sortait en ville, Mme V. se souvient du café rue de la Gare où l'on écoutait la chanson « Marjolaine, toi si jolie... » de Francis Lemarque, sur le juke box. L'hiver 56 fut terrible : une épidémie de grippe sévit durant cet hiver particulièrement froid et sévère. Mme V. a connu Mme M. puis un certain Bébert comme chefs cuisiniers ; celui-ci la gâtait en lui préparant toujours un petit quelque chose à part puisqu'elle n'aimait pas le fromage. Il y avait de grandes tartines et de la compote au goûter du quatre heures, c'était très agréable. A cette époque, dans le Cantal d'où elle venait, un inspecteur , me confia-t-elle, imposa l'apprentissage de l'espagnol au détriment de l'anglais ; arrivée au collège, cela posait problème. Heureusement, un certain M. D. se fit répétiteur et permit aux quatre ou cinq filles concernées de poursuivre cette étude : les cours avaient lieu dans une petite pièce plutôt bruyante au dessus des ateliers et des machines...

Chapitre XI
Le collège des années 1975 et suivantes

La lecture des Procès-verbaux des Conseils d'Administration de l'époque (les plus anciens que j'aie pu retrouver datent de 1975) est instructive quant aux péripéties qui ont émaillé notamment la naissance laborieuse de l'internat du collège Marmontel. Ceux-ci reflètent bien sûr les interrogations, les adaptations successives que ce genre d'établissement vit obligatoirement au fur et à mesure que les années scolaires se succèdent.

Années 75 : le CEG est devenu CES depuis 1966. M. Magnaudeix en est le Principal, M. Borie, son adjoint, et M. Moreau est à la fois intendant du lycée technique et agent comptable du CES. A Marmontel, on manque de salles de classe, pourtant les effectifs baissent, les parents sont mécontents du fait que les élèves doivent prendre le ramassage scolaire et ils réclament un internat. Ce qui sera bientôt chose faite ; les architectes, A Varieras et R Parisse, ont effectué l'étude préliminaire de projet d'un internat de 144 lits et demi-pension pour 300 bouches. « Compte tenu de la nécessité d'ouvrir cet établissement au plus tôt, la municipalité de Bort-les-Orgues a renoncé à une construction de type traditionnel... » écrit le Préfet au Ministère de l'Education Nationale en octobre 1976. C'est le procédé dit Costamagna qui est retenu, l'entreprise Brugeaud de Tulle sera chargée de l'exécution. Dans ce premier projet, dès avril **75**, il est prévu d'acquérir des terrains aux Minimes (terrains appartenant à la famille Juillard, -Jean, boucher à Bort-) et des terrains vagues aux Nadauds Gare. Par délibération du conseil municipal en date du 16 juin

1977, on apprend que l'internat ne sera plus que de 96 lits et par conséquent le troisième étage du bâtiment est supprimé (en 1976 il y a 70 internes). On prévoit cependant la possibilité de surélever l'espace habitable sur terrasse, le chauffage des locaux sera électrique. Deux logements de 70m2 seront aménagés dans le nouveau bâtiment, l'un pour le chef cuisinier, l'autre pour l'infirmière (dont le poste sera créé en 1979) tous deux sont logés par nécessité absolue de service. La construction de l'internat entraînera la disparition de deux classes préfabriquées dans la cour sud qui servent pourtant de foyer pour les demi-pensionnaires. L'opération sera véritablement terminée en **octobre 1979**, le dernier acte ayant été celui de la réalisation de l'œuvre d'art de Claude Roucard, à

savoir un dallage original en granite.

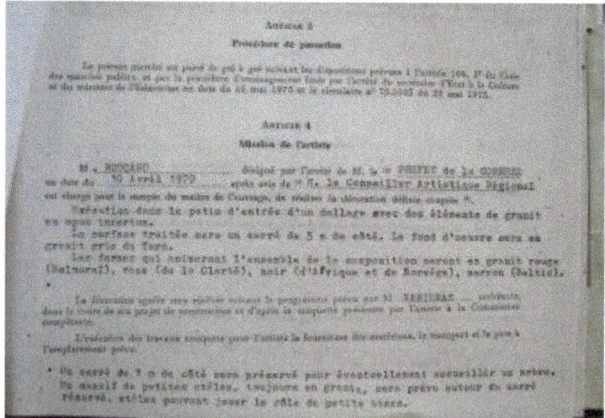

La rentrée 1978 fut morose : perte d'effectifs, de divisions et de postes, l'ouverture de l'internat et de la demi-pension reportée car les travaux ont pris du retard… La SNCF vient seulement d'accorder l'autorisation de la construction d'une passerelle par-dessus la voie ferrée pour permettre le passage du bâtiment Marmontel au nouvel internat ! Il y aura transfert d'agents du lycée au CES. L'internat finit par ouvrir en **janvier 79** pour 40 internes que côtoient 120 demi-pensionnaires. Mais l'établissement connaît des problèmes de financement dues aux nouvelles charges, et notamment celles de chauffage. Le CA refuse d'adopter le budget en mars 1979, des crédits supplémentaires sont réclamés et acquis en novembre, ce qui permettra de boucler le budget de justesse mais il faudra recommencer l'année suivante car le prix des consommables augmente. On s'interroge par ailleurs sur les raisons de la baisse continue des effectifs et sur le fait que l'internat semble être boudé alors que plus d'élèves devraient le remplir car les circuits du ramassage scolaire sont longs en trajet et en temps.

Autres travaux ou tout au moins souhaits d'aménagements à cette époque : l'entrée du collège pour en faciliter l'accès et la sécurité, la clôture et le portail de l'internat, les peintures murales au gymnase, la réparation de la galerie supérieure (cour sud) car les eaux de pluie abîment la façade qui a besoin d'être ravalée, un atelier complémentaire (celui de la cour sud ?), le logement du principal au deuxième étage (qui n'a pas été occupé depuis 1970). L'aire de jeux ne sera aménagée qu'en 1981-82 : je pense qu'il s'agit de l'espace voisin de l'internat qui appartient à la commune et va permettre aux internes de jouir d'un espace extérieur. (Par arrêté municipal en octobre 2004 tout sport sera interdit sur ce plateau car les travaux de réparation du mur de soutènement sont trop chers mais le passage reste autorisé jusqu'en 2016 date à laquelle, pour cause de plan Vigipirate, nous condamnerons cette issue). On commence à déplorer quelques dégradations à l'internat bien que, tempère le Principal, « venus d'un milieu mi urbain mi rural, les jeunes du collège ne présentent pas trop de signes avant coureurs des maux de l'adolescence. Remuants, bavards, ils paraissent plutôt équilibrés ».

Malgré des demandes réitérées, le collège ne dispose toujours pas de poste de Conseiller d'Education et le non renouvellement du poste de MA (Maître Auxiliaire) faisant fonction de CE n'est pas acquis encore en **1980**, les surveillants ne sont pas assez nombreux (ce sont les Chef d'établissement et adjoint qui assurent la surveillance des repas, des dortoirs, contrôlent les mouvements des élèves !), les agents ne sont pas assez nombreux non plus pour faire face à l'accroissement des tâches du fait de l'agrandissement des locaux. De même l'absence d'une secrétaire sténo-dactylographe auprès du gestionnaire se fait cruellement sentir. La réforme de 1975 a été mise en place comme ailleurs (l'enseignement de *masse* cependant perturbe passablement les habitudes liées à l'enseignement sélectif précédent, les parents se plaignent de l'absence des professeurs pour cause de formation…) mais le collège ne dispose pas de professeur de dessin ni de musique et le/la documentaliste est partagé avec le lycée. Il n'y a pas d'atelier d'EMT (Education Manuelle et Technique). Les moyens financiers ne suivent pas : les salles ont besoin d'être isolées phoniquement et la remise en état des locaux vieux de cinquante ans représente de lourdes charges financières. Le mobilier scolaire, le matériel de restauration, les matériels sportifs, audiovisuels, scientifiques ont besoin d'être renouvelés également, les besoins sont grands, les coûts ne cessent de s'accroître, celui des dépenses d'énergie en tout premier lieu et le budget risque d'être en déficit, à nouveau il n'est pas adopté par le CA « en raison de l'insuffisance des crédits alloués ».

Années 1980 suite : deux chômeurs se sont introduits dans l'établissement et ont commis quelques dégradations (incident de mars 1981). On déplore la moindre implication des parents y compris de l'association des parents d'élèves dans la vie de l'établissement, l'agitation croissante des élèves et la baisse d'attention, en corrélation peut-être avec des situations familiales difficiles ; les jeux deviennent plus violents, les dégradations augmentent, les activités du FSE (Foyer Socio-éducatif, dont la création remonte à 1968) s'essoufflent, l'absentéisme de fin d'année commence à être noté… Cependant perdurent la Fête de l'arbre de Noël des écoles publiques (qui laissent un souvenir émerveillé dans l'esprit des anciens élèves que j'ai rencontrés, comme Florence, agent au collège actuellement), la Fête de la

Fête de NOËL de l'AMICALE LAÏQUE avec les MARMONTELOS

129

jeunesse (qui avait réuni mille élèves du canton de Bort en 1955) avec danses et tournois sportifs. Ce sont des élèves du collège technique puis du lycée, **les Marmontelos** qui, de 1951 à 1975, animèrent les spectacles de Noël de l'Amicale laïque et les Fêtes départementales de la jeunesse, grands rassemblements populaires dont les principales éditions furent celles de 1938, 55, 66 et 74. Ce groupe a été créé en 1952 vraisemblablement au sein des Aigles noirs et regroupait gymnastes et orchestre. Joyeux drilles comme on peut le deviner sur quelques photographies, dont les survivants actuels, quand ils se rencontrent, selon M. Roques, se demandent : « Alors, quand est-ce qu'on recommence ? »

Mais il faut lutter contre la baisse inquiétante des effectifs ; les élèves de Liginiac et Sérandon, par exemple, obtiennent des dérogations pour Ussel. Les cartes scolaires deviennent contraignantes et Bort, cette « presqu'île enfoncée dans le Cantal » (pour citer les Inspecteurs généraux dans leur rapport de 2005 sur les établissements de haute Corrèze) reste tiraillée entre Auvergne et Limousin. On se préoccupe de maintenir un internat et la demi-pension au collège en projetant d'accueillir des classes transplantées ou de faire du collège un centre d'accueil permanent de classes nature (sur le modèle de l'accueil d'élèves alsaciens en 78-79 et d'autres de Bures sur Yvette –Essonne- en 1979-80) afin de maintenir le personnel et rentabiliser les structures ? (la réponse du recteur à ce projet de classes nature sera pourtant négative). C'est que la baisse du nombre d'internes (on en compte 22 en 81) diminue les ressources et malgré la hausse réaliste des crédits de fonctionnement en 1981-82, les problèmes ne s'amenuisent pas, on a encore recours à des crédits supplémentaires. D'autant qu'il va falloir envisager la pose de laine de verre ignifugée dans les combles (surface énorme!) pour isoler les lieux de vie de l'établissement, ce qui sera fait en 1982-83.

L'établissement souffre donc de la politique de rigueur financière imposée par la conjoncture économique : l'établissement est en déficit de 30 000F, cela étant dû aux dépenses d'énergie. Quelques années plus tard, en **1984-85**, les problèmes sont tels que les enseignants menacent de faire grève ; l'un d'entre eux résume la situation en parlant de « la vétusté du collège ». Les difficultés sociales s'accroissent : des familles licenciées des Tanneries ne peuvent plus payer la demi-pension. En 84-85 les recettes manquent (il n'y a plus que 14 internes), la hausse des subventions ne suffit pas à contrebalancer la hausse du coût de la vie et surtout les dépenses de viabilisation, ce qui fait que déjà en 1985 (ce sera récurrent dix ans plus tard), l'Administration répond qu'il faut réduire les espaces utilisés : « Les difficultés de gestion constatées, notamment en matière de viabilisation mettent en cause l'opportunité de maintenir en service des locaux excessivement vastes pour les effectifs actuels » souligne le recteur, mais les conditions techniques de chauffage ne sont pas adaptées pour ce faire !

La rue des Ecoles est de plus en plus fréquentée et devient dangereuse : la municipalité installe un panneau, réservant la circulation aux riverains. D'autre part se pose le problème de l'entrée des élèves : en effet la rotation des cars de ramassage en bas de la rue des Ecoles, c'est-à-dire avenue de la Gare, est un vrai problème de sécurité et l'on imagine ce qui deviendra réalité en 1983-84, à savoir leur entrée côté internat avec un vaste parking (opérationnel en février 1984) pour les autobus et les voitures particulières des parents ou des enseignants.

La fin de l'année scolaire 1982-83 a marqué le départ en retraite de M. Magnaudeix Pierre, qui fut Principal du collège pendant une vingtaine d'années consécutives, après en avoir été adjoint. Il avait succédé à M. Passien, éminente figure bortoise qui a publié entre 1965 et 1983 de nombreux recueils sur l'histoire locale et la formation géologique de la colline des orgues (cf en annexe la liste de ses publications). Son frère, Paul Magnaudeix, avait, quant à lui, dirigé l'école primaire et son cours complémentaire. Pierre Magnaudeix émit deux regrets à son départ : que la réalisation de l'internat ait été trop tardive (tout le prouve effectivement, l'histoire du collège en eût-elle été modifiée pour autant ?) et qu'il n'y ait pas eu d'inauguration officielle... (celle-ci ne se fera que dans les années 1990 avec M. Peytavi, Principal).

Ce prédécesseur fait partie, selon moi, des figures qui ont marqué leur époque : en effet, autrefois, les personnes ayant quelques responsabilités à un échelon ou autre de la société locale, outre le fait qu'elles demeuraient longtemps sur place et que le mode de vie d'alors ne nécessitait pas de s'en éloigner, appartenaient à un cercle de personnes importantes et reconnues, les notables en quelque sorte. On se souvient d'eux. Aujourd'hui, l'Ecole a hélas perdu de sa crédibilité et du respect qui lui est dû ; de plus, ses personnels (hormis les agents d'entretien qui ont quasi tous été élèves au collège Marmontel), pour la plupart, résident ailleurs et souvent loin, ne sont que de passage. Des commerçants s'en désolent : « *Ils* ne viennent pas faire leurs courses chez nous ! », disent-ils. Même si autrefois les enseignants venaient, pour beaucoup m'a-t-on rapporté, de Tulle, ils logeaient à l'école. Et plusieurs sont restés géographiquement ou bien étaient déjà ou sont devenus des autochtones. M. Gauthier, par exemple, avant de devenir personnel de direction, a enseigné au collège de Bort pendant dix sept années, M. Sors, Principal quelques années plus tard, avait été élève à Marmontel de 1966 à 70 puisque originaire de Sarroux, commune voisine...

Années 1986 et suivantes : les compétences viennent d'être transférées aux collectivités, les collèges sont pris en charge par le département. Pour la première fois depuis plusieurs années, la subvention du département est supérieure aux taux d'inflation mais les crédits n'augmentent pas parce que le prix du fuel est en baisse. Le projet de rénovation du collège se dessine, « pour redonner au collège une image qui est un peu ternie par le temps ». On demande la création d'une salle audiovisuelle, on reçoit du matériel informatique pour l'enseignement de la technologie qui remplace l'EMT mais les locaux ne sont pas adaptés, il faut repenser leur organisation. Les fonds de réserve sont très –trop ?- importants du fait de l'excessive prudence de la gestionnaire alors que nombreux sont les besoins en pédagogie : un prélèvement important est prévu en 1988-89, à la satisfaction de tous. Le collège entre en rénovation. Le nombre d'internes continue à décroître, « la mode n'est plus à l'internat depuis quelques années », lit-on dans un compte rendu de CA.

1989-90 : les parents proposent l'organisation d'une journée Portes Ouvertes au collège, le Principal, M. Peytavi, informe de la diffusion d'une plaquette présentant le collège, les CM2 seront accueillis au collège pendant une demi-journée. La façade de la cour sud et ses galeries est en réfection, les bureaux administratifs sont réorganisés et le bureau de l'intendance est créé, il mord sur l'appartement du principal adjoint afin de se rapprocher des bureaux du Principal et secrétariat. Un nouveau PAE (Projet d'Action Educative) rassemble des professeurs motivés sur le thème de l'astronomie. On réfléchit à un logo pour le collège et une signalétique serait installée en ville, plus éventuellement un ralentisseur avenue du Général Leclerc, c'est-à-dire à l'entrée du haut.

Le stationnement commence à poser problème rue des Ecoles car il gêne le passage d'éventuels véhicules de secours (déjà ! problème toujours d'actualité presque trente ans plus tard). Il n'y a plus assez d'infrastructures sportives à moins qu'il s'agisse d'une mauvaise coordination quant à leur utilisation entre le collège, le lycée et la municipalité. Il n'y a plus que 8 internes qui vont être hébergés au lycée tandis que l'on propose une réaffectation de l'internat du collège (pour le sport ? –ce sera le cas pour le judo-, pour héberger des groupes ? accueillir des animations extérieures ? – ce sera le cas avec la chorale de la ville), la convention avec le médecin d'internat n'a plus lieu d'être. La pendule de la façade doit être réparée. Elle était très souvent en panne alors qu'elle avait été un repère indispensable aux Bortois depuis la création du bâtiment. Ce bijou aux yeux de M. Gauthier, finira, c'est dommage, par le rester, en panne (les fils électriques pendent tristement, sectionnés, au grenier, ils le furent accidentellement pendant les travaux), et un panneau publicitaire avec horloge sera installé en bas de la rue des Ecoles (jusqu'en ?).

Les années 1993-94 et suivantes sont synonymes de grands travaux et le Conseil Général de l'époque y contribue de façon très importante pour au moins 250 millions de francs, m'indique M. Gauthier qui était alors le Principal du collège. La partie nord de l'externat est en réfection complète. Les trente mètres carrés de maçonnerie de mur de soutènement de la voie ferrée qui n'appartient plus à la SNCF se sont écroulés et sont reconstruits, financés par la Conseil général et la Municipalité, des parterres sont aménagés en fleurs ; ils ne résisteront pas tous aux actions d'élèves sans doute réfractaires à l'horticulture… Les mobiliers de l'internat, inutiles désormais, lits et armoires, sont cédés au collège de Treignac.

Bulletins 1991 – 2014

A la rentrée 1998 le poste de Principal adjoint est transformé en poste de CPE (Conseiller principal d'Education). Le goûter de la récréation de 10h remplace les bonbons : la machine est fermée comme dans tous les établissements de cette époque. Les sanitaires dans les deux cours sont refaits en 1999-2000 et un grillage anti intrusion côté voie ferrée est mis en place l'année suivante.

2002-2003 voit le collège nominé dans la catégorie « collège le plus sportif » au trophée Top19 du Conseil Général du département (presque tous les élèves sont inscrits à l'association sportive !). Le collège demande bientôt, et obtient l'ouverture d'une section sportive VTT (dont la création officielle date de 2011, une dotation exceptionnelle du Conseil Général permit l'achat de vingt VTT). Un projet de classe de 3è à projet professionnel qui aurait fonctionné avec le lycée voisin n'est pas retenu. Quinze ans plus tard la même idée de faire une 3è dite à option découverte professionnelle en co-fonctionnement avec le lycée n'est toujours pas retenue par l'autorité académique.

2005-2006 et suivantes : naissance du projet de réhabilitation de l'externat, qui commence par la rénovation complète de l'espace administratif, puis par la restructuration de l'aile sud de l'externat (avec création de trois salles, restructuration de la salle multimédia, salle des professeurs, rénovation du hall et des sanitaires, création de la rampe d'accès handicapés, réfection de la toiture de l'atelier), tous ces travaux débutant en 2007-2008 pour la première tranche.

Et la vie continue, au collège comme ailleurs. Avec des effectifs qui suscitent toujours de grandes inquiétudes, et par voie de conséquence des inquiétudes sur les postes des personnels enseignants et non enseignants. Avec des équipes qui s'investissent plus ou moins selon les personnalités, selon les années. Constater que des réflexions et interrogations d'aujourd'hui étaient déjà d'actualité il y a une à deux décennies, voire plus, peut prêter à sourire. Ce qui est certain c'est que au quotidien il faut s'adapter, faire et refaire, ne pas baisser les bras.

Chapitre XII
Journal

Mercredi 28 octobre 2015 – Hier donc, j'ai longuement écouté Gaston Deshors tandis que la semaine dernière je recevais Christian M. : mon travail d'investigation – *ma machine à remonter le temps* – a commencé. Tout en désordre, mais des fils finiront bien par se distinguer et permettront de bâtir une trame cohérente ; laissons venir, il n'y a aucune urgence sinon celle de recueillir les souvenirs avant que ces mémoires ne s'en aillent vers d'autres cieux…

C'est un bel exercice que je donne à vivre à mes interlocuteurs pour lesquels un mot finit par en appeler un autre alors qu'à priori ils disent ne pas avoir grand-chose à confier.

Puis quelques messages jetés sur internet, comme des bouteilles à la mer dont j'ignore si on prêtera attention au message qu'elles contiennent, si toutefois elles arrivent quelque part.

Jeudi 29 octobre – à fouiner sur internet j'ai fini par dénicher le travail de deux historiens sur l'enseignement technique en France (tome 1 : la Corrèze). Mais alors, ce bâtiment qui m'intéresse ne serait pas si ancien ? Quid de ces rumeurs de couvent et de prison ? Vraies fausses rumeurs ou vérités ? Avec ce travail des historiens, j'avoue que j'ai de la chance car eux ont déjà épluché les éléments des archives tant départementales que nationales.

Lundi 2 novembre - … et des choses s'enchaînent, qui se confirment ou se complètent, et se corrigent, au gré des rencontres et des papotages…

Janvier 2016 – A chercher les traces de l'histoire de ces bâtiments, j'ai l'impression d'être *pilleur d'histoires*, sans nuance péjorative cependant de ma part, profitant du travail des autres et surtout d'un, M. Roques, « Pépé Roques » pour tous ceux qui l'ont côtoyé, ancien enseignant de sport, ancien conseiller municipal, passionné d'histoire locale, dont il écrivit infatigablement des pans entiers à la suite d'illustres prédécesseurs locaux tels Jacques Sirat, Eugène Passien. Car c'est de lui que je tiens la plupart de mes renseignements, lui-même ayant compulsé les archives des frères Sirat et les archives municipales ; il a écrit avec brio les belles pages de la chronique « Rubrique du temps passé » dans « la vie municipale de Bort » parue de 1969 à 2001, jusqu'au changement de municipalité, à raison de trois numéros par an (grâce au travail de M. Hurgon, ces revues sont à découvrir en ligne ! quelle chance !) Mais j'ai parcouru aussi d'autres de ses écrits personnels, confiés aux uns et aux autres, pour telle exposition ou telle revue éphémère, à l'attention des anciens du lycée par exemple... En plus des innombrables anecdotes, plus amusantes les unes que les autres qu'il m'a confiées avec tant de bonheur et générosité lors de nos entrevues à son domicile bortois. C'est Christian M. qui avait mille fois raison de m'inviter à rencontrer en priorité ce personnage incontournable !

Alors, si pilleur d'histoires je suis, c'est pour la bonne cause, objecterais-je et je me donnerais bonne conscience. Tout cela, en fin de compte, n'est-il pas devoir de mémoire ? Une façon de ne pas laisser se perdre les fils ténus d'une page de l'histoire très locale et du vécu d'innombrables anonymes ou futurs oubliés de la vraie histoire et de la mémoire collective...

Lors de la cérémonie des vœux de Mme le Maire de Bort, j'ai pu, grâce à mon guide, Jean Claude Sangoï, ancien professeur au collège et bien plus que cela (Maître de conférences à l'Université de Toulouse), être présentée à diverses personnes que je connaissais de nom, les unes pour avoir répondu à mon courrier circulaire d'octobre, les autres pour les avoir découvertes au cours de mes entretiens ou lectures.

Hier, *20 janvier*, Gilles, l'un de nos agents techniques au collège, a bien voulu accrocher le plan de 1925 dressé par l'architecte, dans le couloir, près de mon bureau. Ainsi il sera à portée de tous et ne restera pas visible qu'aux yeux de quelques privilégiés seuls à en jouir. Je l'ai voulu tel quel, sous un film plastique dont une main habile l'a judicieusement protégé même si subsistent de vilaines traces de ruban adhésif. C'est un rescapé des éléments d'archives qui ont disparu du collège il y a quelques années, quand un déménagement dans l'urgence fut opéré… Hélas, « tout a été jeté », me répond-on ! Ce sont ces mêmes agents, Gilles et Jean Luc qui m'avaient informée quelque temps auparavant : « On a quelque chose qui peut-être vous intéressera », ils ne croyaient pas si bien dire !

A observer ce plan, j'ai appris, hier, que ce que nous appelons ici « la fosse », en architecture, porte le nom de « cour anglaise ».

Mercredi 28 janvier 2016 – J'ai revu M. Roques mercredi dernier et me voilà replongée dans cet historique, aiguillonnée par ce désir, ce besoin d'aller plus loin, de découvrir et savoir plus encore, de questionner sans relâche le moindre élément. J'essaie de comprendre, en les identifiant, la succession des dirigeants, puis les diverses appellations et la succession des réformes nationales, la coexistence collège-lycée. Assurément, certains aspects prennent leur sens et les témoignages se rejoignent mais chaque certitude suscite de nouvelles interrogations. L'impression d'ensemble reste que tout cela est extrêmement complexe à démêler étant donné la cohabitation des structures école-collège-lycée.

Grâce au travail de M. Hurgon, avec qui je me suis entretenue au téléphone, je parcours les revues municipales, non sans une légère tristesse car on y parlait tellement bien du collège : on ressentait toute la considération, et l'importance qu'il avait aux yeux de la population semble-t-il. Les états d'esprit ont quelque peu changé et l'école en général n'a plus la crédibilité d'autrefois me semble-t-il, les valeurs ne sont plus les mêmes désormais et laissent place à des considérations bien plus individualistes et égoïstes, dans un monde où l'école reçoit de plein fouet tous les griefs imputables à d'autres modes de vie, d'autres façons d'éduquer –où ne pas éduquer d'ailleurs- les enfants d'aujourd'hui. Ecole : caisse de résonance de nombre de maux contemporains qui assaillent et blessent bien souvent ses agents tandis que les élèves, eux, sont des éponges de tous ces troubles personnels et collectifs qui les environnent quotidiennement. Ecole et mondes en souffrances, où s'épanouir devient de plus en plus compromis et compliqué.

Sentiment étrange : qu'elle était riche cette rubrique du temps passé qui donnait à lire et apprendre sur le passé pas si lointain de notre petite bourgade ! Mais finie cette page d'histoire dans la nouvelle revue municipale des années 2000 et le bulletin, s'il s'est étoffé d'images, a perdu cette substance écrite. Et puis, à partir du moment où le collège n'a plus relevé de la compétence territoriale de la commune, on n'a plus guère parlé de lui …

Dès les années 80 se pose de façon récurrente et lancinante la question de la baisse inéluctable des effectifs au collège. On imagine de façon sous-jacente la question de l'avenir de la structure scolaire en tant que telle ? Que de rumeurs qui s'alimentent d'elles-mêmes, au supermarché local, le bien nommé, carrefour de ces réflexions les plus diverses, la plupart du temps peu fondées, sinon par des craintes partagées ! « Alors, c'est vrai, me demande-t-on, on parle de la réunion collège-lycée ? » Interrogation non fondée à cette heure mais déjà à l'ordre du jour il y a des dizaines d'années, ce n'est pas nouveau. Ainsi peut-on lire dans le n° 11 de janvier 1986 de la Vie Municipale, les mots suivants : « Une importante réunion de travail a permis d'aborder le mercredi 9 octobre, à la mairie, les problèmes et le devenir des établissements scolaires de Bort et plus précisément du lycée et du collège…/… Après les bilans de la dernière rentrée scolaire et l'exposé des difficultés rencontrées, furent abordées les perspectives d'évolution des structures puis discutées les possibilités au niveau des effectifs… » Les années passent, les problèmes demeurent.

Jeudi 11 février 2016 - De nouveau une période de petites vacances qui me donnent le temps de renouer avec mes recherches en toute quiétude d'esprit.

Les combles que je visite, marchant sur la laine de roche isolante, devinant le parquet sous mes pas, ne m'apportent rien, malgré les belles pierres taillées qui encadrent les espaces portes. Pas une marque, pas une gravure, pas la moindre trace qu'un gamin facétieux aurait pu laisser. D'ailleurs, les gens qui habitaient là en avaient-ils des gosses à eux ? Seuls les fils à linge témoignent de ce que l'on m'avait dit, à savoir que les maîtres qui logeaient mettaient leur linge à sécher au grenier.
Le cadran de l'horloge frontale : énorme, vu ainsi, de près et au ras du sol, muet hélas. Des fils électriques courent le long des poutres mais aucun flux ne les alimente plus ; les travaux leur ont été fatals puisque c'est à ce moment-là qu'ils ont été sectionnés et non réparés, m'a-t-on dit. Pourtant les Bortois avaient l'œil rivé sur cette horloge autrefois et pestaient quand elle était –souvent- en panne. « … Histoires de temps » dans la Vie Municipale numéro 32 de février 1993 : « L'horloge du groupe scolaire Marmontel grâce à sa position stratégique dominant la ville, rendit bien

des services. Or cet équipement intégré au paysage bortois depuis plus de soixante ans, a reçu début décembre un renfort inattendu au « look » beaucoup plus moderne, avec l'installation d'une horloge intégrée dans un panneau publicitaire érigé au bas de la rue des Ecoles. Ce mobilier urbain a été offert, comme les abri-bus existants en ville par le Conseil Général. » Rien ne permet de décrire les publicités dudit panneau et j'ignore pour l'instant quand et pour quelles raisons ce mobilier urbain a disparu du paysage.

Demain j'irai fouiner dans les sous-sols.

Ce que j'ai fait, mais là aussi, rien à signaler, pas même une chauve-souris en hibernation dans un recoin du plafond. Rien ; des gravats au sol, quelque vieux mobilier aux tiroirs vides, des matériaux de rebut divers qui réjouiraient cependant un bricoleur toujours à la recherche de quoi faire feu de tout bois. Vraiment, pas de quoi fouetter un chat ! Sauf que, à plusieurs reprises il est arrivé hélas, que de malheureux greffiers, poussés par leur curiosité, franchissent les soupiraux non grillagés, au ras du sol, côté rue des Ecoles, et tombent dans les sous sols, sans pouvoir en ressortir. Piégés, ils sont morts privés de tout secours. Jusqu'au jour où, alerté par l'odeur nauséabonde de putréfaction, un agent n'en découvre un, mais bien trop tard.

Si, j'ai bien déniché, dans les combles auxquels j'ai accédé par les sous-sols du CDI actuel, en empruntant d'abord un escalier bétonné étroit, puis un bel escalier tout aussi étroit mais en bois, une réserve de boîtes de craies de couleur et des cahiers vierges, et des boîtes de plumes sergent major. Une armoire vomit ses dossiers scolaires d'élèves des années 1960 à 1973, aux noms évocateurs de familles bortoises (Besse, par exemple), ai-je pu constater. Une banderole plastifiée annonce « la fête départementale de l'école laïque » un 21 juin sans mention de l'année concernée et trois panneaux cartonnés, recouverts de poussière, oubliés sur l'armoire, servent de support aux photos en noir et blanc de la manifestation sportive qui s'affichait au pré-Mongeal, de quoi alimenter les commentaires de mon témoin privilégié, M. Roques, passionné et passionnant à écouter égrener ses nombreux souvenirs... ce qu'il ne manquera pas de faire quand je retournerai le visiter. D'ores et déjà, il m'a expliqué que les fêtes départementales de la jeunesse étaient des rassemblements spectaculaires et que les principales éditions bortoises avaient été celles de 1938, 1955, 1966 et 1974. Peut-être me faudra-t-il prendre le temps de parcourir ces dossiers scolaires à la recherche de quelques pistes supplémentaires ?

Je suis allée au lycée et avec mon collègue proviseur, avons trouvé dans une boîte archives, des photos anciennes de l'école pratique qui complètent celles que je connaissais déjà.

Lundi 15 février – cet après-midi j'ai rendu visite à Odette B., l'ancienne concierge du collège : que de bonheur à faire ainsi plaisir aux gens, que d'émotions pour elle face aux photos ! Elle a hâte d'acheter... *mon livre*, dit-elle. Au moins, ce travail m'aura permis d'apporter un peu de bonheur à ces personnes âgées dont le regard pétille à évoquer du passé qui leur est cher. On promet de se revoir.

Je vais à Ussel, à la médiathèque, et je trouve les deux ouvrages catalogues des expositions de 2007 et 2008 sur les bâtiments religieux du pays d'Ussel disparus ! J'en avais trouvé trace sur internet. La bibliothécaire m'indique par ailleurs un autre ouvrage : là j'ai accès à des extraits vraiment intéressants sur le couvent des Minimes : formidable !

Je complète ainsi mes connaissances très vagues du début de cette histoire au Moyen âge.

Mercredi 17 février – Mme W. m'a rappelée et les éléments qu'elle me donne sont comme des pièces de puzzle qui se rapprochent… Ils finiront par prendre sens et s'emboîter, j'en suis sûre. C'est un jeu et ça commence sérieusement à s'étoffer, de piste en piste…

Vendredi 19 février – J'ai rencontré M. et Mme D. anciens agents au collège : toujours du plaisir et du bonheur… et de nouveaux éléments, nouvelles pièces du puzzle avec cette pochette des années 90, cette histoire de juif pendant la guerre : il faut que je voie Jean Claude Sangoï, s'il avait pu hériter des connaissances d'un collègue professeur d'histoire décédé, un certain S. !

Lundi 22 février – Je n'aurai pas grand mérite à écrire cette histoire du collège Marmontel, sinon celui seul d'avoir réuni les réflexions, conclusions, lectures et travaux d'autres ; sinon celui d'avoir interprété, le moins mal possible, j'espère, ce que m'auront donné à comprendre les archives diverses ; d'avoir questionné au fur et à mesure des lectures, des témoignages ; d'avoir essayé d'exercer un esprit critique indispensable ; d'avoir mis en lumière certains pans obscurs, avant que les mémoires ne les oublient complètement ; d'avoir mis en parallèle la grande et les petites histoires locales, celles du quotidien. Demain je rencontre M. Sangoï, j'ai besoin de lui pour son propre témoignage d'enseignant en ces lieux, et d'un, et de deux, de son expertise, lui, l'agrégé d'histoire, pour m'aider à avancer dans mes travaux, leur mise en forme. Mais je tiens à conserver mon originalité propre : ce ne sera pas seulement un exposé historique, ni un récit, j'y serai présente par mes remarques très personnelles et mes appréciations diverses, mes clins d'œil en référence à des propos que je tiens de tel ou tel.

Aujourd'hui j'ai parcouru des pages et des pages sur l'histoire du système éducatif. J'aurai besoin d'écrire un texte pour retracer l'histoire du collège en parallèle à l'histoire et l'évolution du système éducatif, passablement complexe avant la réforme du collège unique en 1975.

Puis je commence à écrire des morceaux de textes… pour le livre final ! D'abord « le couvent » et « une étrange histoire ». Il y a comme une magie, c'est extraordinaire : les mots viennent tout seuls et s'emboîtent si bien que je peux même les saisir directement sur mon clavier d'ordinateur sans passer par l'étape brouillon manuscrite. Il y a très peu à corriger, juste un ou deux mots à ajouter par ci par là, un mot plus riche pour en remplacer un autre… On dira que le langage utilisé est plutôt soigné, voire trop ? Cependant, c'est ainsi qu'il me plaît d'écrire et je voudrais que ce soit plaisant à lire. Mais c'est sûr, je suis d'une génération autre que celle du langage appauvri, dégingandé qui se généralise actuellement.

Mars 2016 – je lis les procès-verbaux des conseils d'administration dont on dispose au collège actuel, depuis 1975. Je pensais que ce serait fastidieux mais au contraire c'est très intéressant. Il me faudra relire certains passages d'ailleurs quand, entre autres, je rédigerai le chapitre sur l'internat. Les PV de ces CA, c'étaient autrefois, cinq ou six pages, comparés à aujourd'hui où ils sont supérieurs à cinquante pages alors que l'informatisation était sensée nous faire faire des économies de papier ! Cela va avec toujours plus de formalisation, ce qui frise parfois l'absurde et l'ubuesque. Utile ? Sinon à ouvrir des parapluies toujours plus vastes ?

Comme je le répétais encore à une amie hier, *je ne sais pas pourquoi je porte autant d'intérêt à cette histoire du collège*, moi qui n'y suis pas depuis très longtemps et qui n'y resterai pas, moi qui ne suis pas originaire de cette région et qui n'ai guère de raisons de m'attacher à cet établissement et ces lieux plus que d'autres où j'ai roulé ma bosse… Ce n'est pas appât du gain (je sais ce que représente le travail de l'édition, un petit tirage etc.) ni par vanité personnelle ou attrait d'une gloire éphémère qui sera momentanément atteinte par des critiques négatives et déplaisantes car, d'expérience, je sais que, quoi que l'on écrive, on se heurte toujours à des soupçons, des manifestations de jalousie ou autre désagrément, voire accusations, qui font mal. Je ne saurais y échapper car on n'a pas l'heur de plaire à tous mais il faut poursuivre son chemin, contre vents et marées. Sans doute me suis-je lancé un défi : je dois accomplir cela, c'est plus fort que moi et j'ignore de quoi je suis l'instrument ou le jouet inexplicables dans cette entreprise !

Le seul « regret », s'il en est, que je pourrai éprouver à quitter ces lieux, ce logement de fonction que j'occupe alors qu'il ne l'était plus depuis les années 90, ce seront tous ces chants d'oiseaux qui accueillent le lever du jour, ceux des divers merles et pinsons, mésanges et autres, et celui des chouettes le soir ou dans la nuit, dans les bois voisins : ce sont choses qui m'enchantent toujours, il me plaît de rester éveillée à les écouter ; même, un soir de juin, une chauve-souris est venue me visiter dans la chambre alors que ma fenêtre ouverte béait sur la nuit tombante ; où et quand retrouverai-je ce luxe ?

Vendredi 22 avril 2016 – je reviens du lycée où je suis allée à la pêche aux souvenirs, dans le but de trouver des archives communes collège-lycée d'avant… 1964. Oliver L., mon collègue proviseur, m'a conduite dans les trois lieux consacrés : comme un peu partout, dans les établissements scolaires, tout y est plus ou moins en vrac, on ne prend pas le temps de faire du bel archivage dans nos établissements et parfois, ce qui l'est, souffre de « déménagements » effectués dans l'urgence, d'où il résulte une belle pagaille. Impossible d'y retrouver des PV de CA très anciens, juste des registres de personnels, datant des années quarante… qui ont tout mérite d'être préservés. Peut-être un jour, les archives municipales ou départementales m'offriront plus, sachant qu'à l'Inspection Académique on n'a pas pu m'être d'un grand secours en ce domaine.

Pendant ces vacances de Pâques, je n'ai pas eu beaucoup le cœur à l'ouvrage et n'aurai guère avancé dans mon historique ; c'est que je deviens, à vrai dire, très réservée par rapport à l'éducation nationale, qui m'ennuie, voire m'exaspère, mais ceci est une autre histoire ; de fait cela ne m'a pas donné envie d'y replonger, hormis cet après-midi où j'aurai cependant réussi à saisir les premières pages de ce journal. Cela a-t-il un intérêt d'ailleurs pour *le livre* ? Mon éditeur et le relecteur auquel je pense me le diront. Ce que j'appelle « Journal » serait une dernière partie *du livre,* qu'en penseront les deux premiers lecteurs ? Parmi ces deux, l'un sera, s'il l'accepte, le préfacier, l'introducteur en quelque sorte… Je sais aussi à qui je dédierai ces pages.

Comme c'est curieux la gestation et la naissance d'un livre, avec ces séquences en désordre que je rédige au gré de mes envies et humeurs…

Lundi 20 novembre 2017 ! – Plus d'un an s'est écoulé depuis mes derniers écrits au sujet de cette histoire du collège qui me préoccupe. La dernière année scolaire, celle qui aura marqué la fin de ma carrière active, s'est achevée, marquée par mon impatience croissante à en finir et déjà un certain recul dû à un éloignement mental auquel je n'opposai aucune résistance… C'est donc une page conséquente que je viens de tourner ; j'eus apprécié qu'elle ne fût pas entachée de plusieurs anecdotes déplaisantes, propres à nourrir un ressenti négatif de ma part, partagé par d'autres, et propres également à justifier une absence d'image davantage festive, dirons-nous, à l'occasion, et de mon départ, et de la mutation de deux de mes collaborateurs.

Je suis donc désormais « en très grandes vacances ». Cette rédaction de l'histoire du collège : « Quelle belle passerelle pour aborder votre retraite… », me confiait un parent d'élève, lors des conversations à bâtons rompus, à la sortie du dernier Conseil d'Administration de l'année 2016-2017. Certes, mais je laissai passer ces derniers mois sans y prêter attention, tout occupée à apprendre à gérer d'autres occupations et surtout un autre temps car le plus inattendu de ma nouvelle existence fut de me demander quel jour on est : en effet ma vie entière, en raison de mes deux professions successives d'enseignante puis personnel de direction, a été en partie, d'organiser mon temps et celui des autres. Et aujourd'hui, même si les conditions matérielles auxquelles j'aspirais pour m'y consacrer ne sont pas réunies, j'estime qu'il est temps d'accomplir ce devoir que je me suis fixé et clore ainsi définitivement cette période professionnelle de mon existence.

Que s'est-il passé qui méritât d'être consigné dans ce journal depuis avril 2016 ? Eh bien, l'épisode « Jeannette G. », juste avant les vacances de Toussaint 2016, suivi de la séance skype de janvier 2017 auprès de nos élèves de 3ème, puis les communications téléphoniques avec la petite fille de Mme R. et Mme G. Tout cela reste à développer dans le corps du récit.

Je vais commencer par me ré-immerger dans mes notes diverses et documents recueillis, avant de chercher sans doute de nouveaux témoignages, ou pour le moins approfondir ceux dont je dispose, en espérant que le temps n'ait pas malmené mes interlocuteurs. Ensuite je tâcherai d'établir un premier plan d'écriture, d'ordonner les différentes thématiques pour conférer une certaine cohérence à l'ensemble qui, vraisemblablement, restera assez modeste. Et quand j'en aurai fini avec cette histoire, je pourrai me consacrer à d'autres projets d'écriture, plus personnels et d'une tout autre facture, auxquels je pense.

Novembre-décembre 2017 : je travaille quasi quotidiennement à la rédaction de l'ouvrage et c'est stimulant ; les choses viennent d'elles mêmes, en désordre mais par la magie de l'écriture s'enchaînent aisément. *Je ne suis cependant ni historienne ni romancière*, je ne peux ni ne veux broder sur un récit de vie d'autrui par exemple ou en imaginer d'autres.

Je procède sans ordre précis, au « feeling » sachant qu'il ne restera plus qu'à… numéroter les chapitres et les pages ! Je craignais d'avoir du mal à me replonger dans les documents, les souvenirs. Or pas du tout, tout est présent à mon esprit et vient illustrer mes propos quand j'en ai besoin. Maintenant il me faut approfondir et trouver de nouveaux témoignages afin de compléter ce que je sais, afin de consigner les anecdotes véridiques dans la trame de mes propos, ce qui, j'espère, rendra la lecture plaisante. *Je souhaite tant que tous ceux qui m'ont répondu et se sont intéressés à mon projet s'y retrouvent.*

Je relis souvent mes écrits, cela me permet de remplacer un mot par un autre plus approprié, compléter par quelques lignes ou nouveaux éléments, des affirmations.

Le hasard et les coïncidences ne finissent pas de me surprendre : j'envoie pour relecture un texte à Bryan qui m'appelle pour me dire que sa mère et lui ont parlé de moi il y a deux jours et qu'ils vont se retrouver en Uruguay très prochainement d'où ils ont prévu de me téléphoner ! Je commence à travailler la question des Négociants Voyageurs et je découvre que mon interlocutrice habite tout près de chez moi, tandis qu'à la médiathèque un employé tend l'oreille aux mots NV et m'apprend qu'il est fils, petit fils et arrière-petit-fils de l'un d'entre eux ! Ce qui me permet de le mettre en relation avec M. Fandard qui est à l'origine de l'association consacrée à ce sujet. (Lors d'une de mes séances de recherche aux archives départementales à Tulle, plus tard, j'échangerai avec un autre lecteur venu de Brive, dont la femme et la belle-sœur originaires de Bort ont connu M. Passien !) L'intérêt inattendu de cette histoire, c'est aussi cette rencontre des anonymes avec qui on a des sujets communs à se dire et partager : comme c'est gratifiant !

Je ne suis pas encore allée consulter les archives municipales ni départementales mais je note soigneusement les questions auxquelles je souhaite trouver réponse. En attendant, j'exploite tout ce dont je dispose déjà et c'est presque plus important que ce que j'imaginais. En tout cas j'ai passablement engrangé et je mets en forme, tout en faisant confiance au hasard qui m'inspire tel écrit plutôt que tel autre à tel moment. Ce qui fait que je ne ressens aucune lassitude, aucune contrainte et j'avance sans échéance. J'ai lancé de nouvelles bouteilles à la mer et bien souvent je trouve que l'on tarde à me répondre, hormis ceux qui, comme moi, sont très réactifs, ainsi M. L V. et D, inspecteurs pédagogiques, qui ont bien voulu me guider sur quelques pistes…

Cette écriture me permet de me retrouver. C'est la première fois que j'écris avec autant de confiance. D'autres envies s'agitent comme derrière une toile attendant le moment propice de se manifester, c'est-à-

dire que cette réalisation soit achevée pour passer à autre chose…
Comme c'est étrange.

Mardi 9 janvier 2018 : hier je suis allée aux Archives départementales à Tulle, une première expérience pour moi. On m'a guidée et appris à utiliser ce service, avec beaucoup de compétence et d'amabilité, ce que j'ai énormément apprécié et dont je remercie mes divers interlocuteurs…

J'ai voulu commencer par quelque chose d'un peu anecdotique, peut-être, mais nécessaire selon moi, quelque chose qui en tout cas a piqué ma curiosité dès le début, à savoir cette *prison*. En consultant des extraits du cadastre napoléonien de 1839 et les matrices afférentes, plus différents documents écrits relatifs à prison, régime pénitentiaire etc, j'en ai trouvé une nouvelle preuve bien sûr, mais guère de précisions supplémentaires : j'aurais tellement aimé découvrir des éléments divers, voire incongrus, tels ceux que j'ai pu survoler concernant les prisons de Brive, Tulle et Ussel. J'ai appris qu'il y avait eu une guillotine ambulante lors de la période révolutionnaire ! Rien sur Bort ; peut-être cela se trouve-t-il aux archives, en mairie.

C'est émouvant de voir et toucher ces feuilles de papier anciennes, sur lesquelles se sont appliqués quelques scribes anonymes, qui dessinaient les pleins et déliés que l'on ne fait plus. Certes il faut s'habituer à ces calligraphies passées et peiner parfois à déchiffrer. Penser que ces pages écornées ont été tant de fois effleurées par d'autres mains que les miennes, en d'autres lieux. Penser que ces vestiges de la vie d'autrefois ont pu avoir tant de conséquences : mes yeux balaient le devis concernant la construction d'un échafaud destiné à recevoir la guillotine à Tulle ! ou bien encore ces rapports succincts : un tel prisonnier est atteint de la petite vérole. Ces condamnations à mort sur papier officiel avec sceau de cire, ces listes de prisonniers et prisonnières, ces dépenses et ces factures concernant la vidange des fosses d'aisance, par exemple. Bien sûr, je me dis que ce ne sont là que quelques vestiges des vies passées, quelques documents épars, bienheureusement conservés alors que tant d'autres sans nul doute ont disparu mais cela témoigne, en l'occurrence ici, de souffrances lointaines liées à l'emprisonnement d'individus, malfaiteurs ou innocents, qui sait ?

Suivant les conseils judicieux et opportuns de l'une des documentalistes présentes, j'ai pu passer intégralement en revue trois gros dossiers constitués de l'inventaire des parcelles de la commune de Bort en 1791 : le pré-cadastre en quelque sorte, utile déjà à l'assiette des impôts bien sûr. Je voulais y retrouver les bâtiments des Minimes, ce qui fut le cas en toutes dernières pages du second volume : belle satisfaction ! J'ai ainsi lu des noms de Bortois qui ont franchi les siècles jusqu'à aujourd'hui, tels des Besse, Tournadre, Mignon et d'autres… C'est émouvant. J'ai deviné toutes ces terres labourables, ces champs plantés d'arbres et vergers, ces innombrables chènevières qui parsemaient le territoire et les métiers disparus des uns et des autres, tous ces laboureurs d'autrefois… Voyage dans le passé, impression de discerner, prêtes à s'agiter, des silhouettes floues sur des images sépia. Je pense aux généalogistes amateurs qui, eux, retrouvent leurs propres ancêtres ainsi, cela doit être encore plus d'émotion. Et à propos d'images sépia, je suis bien heureuse de savoir que je pourrai disposer, le moment venu, lors de l'édition éventuelle et souhaitable de mon ouvrage, de la carte postale du début du XXème sur laquelle on voit les bâtiments qui ont précédé ceux du collège actuel ! Je connaissais cette image dont M. Roques possédait une copie, mais où se procurer un original ? Voilà la réponse : autre satisfaction d'une journée enrichissante et très positive qui n'attend plus qu'à se renouveler pour d'autres recherches.

L'important est de ne pas venir aux archives les mains vides, mais l'esprit farci des questions auxquelles on veut trouver réponse, une trame pré-établie des événements, leur chronologie, afin de pouvoir réagir au moindre indice susceptible de confirmer ou infirmer telle idée. A condition toutefois de ne pas se laisser distraire par tout ce que l'on est amené à consulter, ce qui s'avérerait trop chronophage et non productif au regard de ses propres recherches, malgré tout l'intérêt que cela recèle et la curiosité que cela ne manque pas de piquer. Ainsi je cours plusieurs lièvres à la fois, deux ou trois pistes de recherches, ce qui m'aide à profiter de tout ce qui peut me tomber sous les yeux. Une petite dose de chance aussi ne nuit pas, plus du temps et beaucoup de patience !

Ô combien de documents hélas ont pu disparaître de la vie courante, qui pourraient, auraient pu, aider ainsi quiconque en quête du passé : je revois les nombreux cahiers sur lesquels mon grand-père notait, quotidiennement, avec obstination et maniaquerie, la moindre dépense, la moindre rentrée d'argent du ménage, au centime près, ses cahiers de comptes comme il disait. Objets de nos sarcasmes parfois, mais tout cela a disparu, ma mère les a brûlés ! Et pourtant : cela aurait aidé à reconstituer un mode de vie, comprendre le coût de la vie, avant et après la dévaluation du franc (qui saurait dire le coût de la baguette de pain dans les années 30, 40 ou 50 ?) et tant d'autres choses sans doute… Et le point rouge qu'il avait dessiné, tel jour de mai 1936 pour signifier très pudiquement… la naissance de sa fille ? Je le sais, je m'en souviens, je l'ai vu car il me l'avait montré et expliqué, je voudrais pouvoir le revoir. Bizarrement il n'y avait pas de point rouge pour ma naissance ni pour celle de mes frères, peu importe. C'était son journal et je vois bien que, tant sa fille que moi-même, avons hérité de cette marotte de l'écriture, non pas des chiffres en ce qui nous concerne, mais des faits du quotidien, dans un agenda ou un éphéméride, ce besoin d'écrire (pour moi) dans un journal intime, ce besoin des petits carnets qu'enfant j'espérais sans cesse recevoir de ma mère, quand elle revenait du marché et qu'elle était passée par la « boutique à cent francs » où je savais qu'on en vendait… Et l'œil attendri que je leur jette encore aujourd'hui sur les rayons de tel magasin ou supermarché… Si je m'écoutais, je les acquerrais tous, ceux qui me plaisent, comme les crayons de papier que je collectionne, futilement, il faut bien l'avouer.

10 janvier 2018 : je continue d'exploiter ce que j'ai glané récemment, ce qui me permet de préciser, voire corriger des écrits précédents. De plus en plus se pose la question des illustrations indispensables en complément de ce que j'affirme, d'où la question des droits et autorisations, autre problématique à prendre en compte, avec l'aide me mon futur éditeur sans doute.

Je reçois ce jour la réponse datée du 22 décembre à mon courrier du 19 décembre à la mairie de Bort, courrier dans lequel j'informais de mon travail (pour justifier ma requête) et demandais les modalités pour consulter les archives municipales : réponse négative car il n'y *aurait* aucune archive relative au collège ; je comprends, bien sûr, qu'il n'y a pas de dossier constitué intitulé « collège Marmontel ». (la suite de mes investigations m'apprendra que beaucoup d'éléments se trouvent effectivement au service des archives départementales à Tulle).

Au sujet de documents éventuellement archivés à Bort, je crois savoir que ceux de M. Passien, qui a beaucoup écrit sur Bort et son histoire (cf la liste de ses écrits) ont été vendus aux enchères car il est mort sans héritiers. (Où sont-ils désormais ?) « Eugène Passien, passionné par l'histoire locale et la géologie, avait accumulé au cours de sa vie une documentation assez exceptionnelle et procédé à des recherches lui permettant de devenir au fil des ans la mémoire de la cité bortoise…/… ses œuvres qui témoignent de l'attachement profond de l'auteur à notre communauté » peut-on lire en hommage posthume dans la Vie Municipale n° 37 d'octobre 1994, avec le regret que « peu de Bortois ont assisté fin juin aux obsèques d'Eugène Passien ».

Je sais aussi que les documents de Jacques Sirat, (d'une très grande richesse, je pense, compte tenu de ce que j'ai entraperçu ici ou là) ont été remis à la municipalité de Bort-les-Orgues : « Mme Sirat a fait don à la ville de Bort de la collection des œuvres de Jean François Marmontel et *de nombreux ouvrages* appartenant à son époux Jacques Sirat. Cette collection complétera les ouvrages acquis par la commune de Bort et légués par l'office de Tourisme de Bort Artense. » (in n° 19 - octobre 2009 - Vie Municipale). Ces documents, tout au moins ses ouvrages et des portraits, figurent désormais dans l'exposition permanente consacrée à JF Marmontel au château de Val.

Les frères Sirat étaient deux : Jacques, le plus jeune, et André, tous deux originaires de Bort et hommes du XXème siècle. On m'a dit qu'ils faisaient partie des grandes familles de nobliaux de Bort. Beaucoup vous diront que l'un, André, avait boutique avenue de la Gare : aux Dames françaises, cette entreprise identifiée comme « commerce de détail divers en magasin spécialisé » a été radiée, semble-t-il, le 19 décembre 2006. La mère déjà, tenait cette mercerie qui vendait aussi des jouets et des souvenirs. Quant à Jacques, encore plus féru d'histoire locale que son frère, il a beaucoup écrit et publié dans des revues locales, il est en outre l'auteur du catalogue sur la commémoration du bicentenaire de la mort de Jean François Marmontel en 1999. En 1988 il était conservateur adjoint au musée archéologique départemental du Val d'Oise.

Décidément, la conservation des archives n'est pas chose aisée, à Bort comme ailleurs je suppose. Au lycée, c'est un dégât des eaux qui a ruiné ces trésors, hélas, dont il reste peu... J'en veux aussi pour preuve ce que j'ai trouvé dans le numéro du 26 juin 1928 de « Bort Journal », la revue municipale de l'époque ? Un certain V. Imbert y rédigeait la rubrique « Revue de l'histoire de Bort », ce qui m'intéresse bien, la rubrique du temps passé écrite plus tard dans la revue municipale par M. Roques en est l'héritière plus récente me semble-t-il. Toujours est-il qu'en 1928, M. Imbert cite le Docteur Theyssier (conseiller général et maire de Bort en 1894) qui a réuni dans sa bibliothèque des documents relatifs à Jean François Marmontel qu'il conservait dans le but « de les faire figurer dans un musée que j'avais l'intention d'organiser à Bort » confie ce dernier, il finit par les déposer à la Mairie. M. Imbert poursuit : « J'ai fait dans les archives de Bort des minutieuses et actives recherches pour découvrir ces précieux souvenirs. Mais hélas ! Tout s'est borné à la découverte du manuscrit relié, *et les autres documents, où sont-ils ?* ils ne sont certainement ni détruits ni perdus. »

M. V. Imbert, encore, notait dans son article paru dans le numéro du 29 mai 1928 de Bort Journal (122/PR1/B aux archives départementales de Corrèze) : « les archives des Minimes : les orages révolutionnaires en ont détruit une partie mais il y a eu des sauvetages : la collection de l'abbé Pau déposée aux archives départementales dont je possède le répertoire ». Ah oui ?... Quelle belle raison de demander à la consulter, ce que j'ai fait, car elle y est bien (la collection abbé Pau référencée aujourd'hui 4F/1 à 4F/14 a été rachetée par le Conseil Général de la Corrèze en 1922) : des documents de toutes sortes s'y trouvent, dont certains du XVIIème siècle, actes de ventes, baux, procès, courriers aux officiers municipaux, j'ai touché un vrai parchemin, je pense qu'il y a là des éléments d'archives de la mairie, effectivement, mais surtout les archives personnelles de cet abbé qui se passionnait pour l'histoire de sa ville et en a rédigé une histoire que j'ai parcourue. La dernière boîte archive (réf 4F/14) contient ses quatre cahiers, plus quatre carnets remplis des notes parfois écrites de façon si minuscule qu'elles sont impossibles à déchiffrer, notes qu'il recueillait au fil du temps, mais aussi ses fiches et des courriers aux confrères sollicités pour des précisions généalogiques par exemple, enfin une belle vraie carte d'état-major de la région de Bort datée de 1922… Emouvant, puis je me dis que d'autres curieux comme moi ont dû les consulter ces documents, pour écrire leurs propres ouvrages.

Janvier 2018, suite : une petite pierre par ci, une autre par là, au hasard de conversations, par exemple au musée de l'école à Bort, où, par déduction, je trouve réponse, peut-être, à une question qui me taraudait depuis un bon bout de temps ; reste à confirmer mon intuition. En effet, je ne comprenais pas pourquoi Jeannette était manifestement allée à l'école Marmontel pendant la seconde guerre alors qu'il s'agissait d'une école de garçons ! Or mon guide au musée me confie avoir rencontré une personne âgée l'été dernier qui lui a confié que l'école des filles, pendant la guerre, avait été réquisitionnée par la kommandantur ! Cela expliquerait que Jeannette ait fréquenté l'école de garçons car où les filles auraient-elles pu aller sinon chez les sœurs ou à Marmontel ? Sauf que je n'arrive pas en trouver la preuve et confirmation…

A parcourir à nouveau les revues municipales depuis 1969, je trouve d'autres éléments intéressants que me fournissent un article, une photographie et sa légende. A revenir au lycée, je corrige encore une fois ma liste des proviseurs qui se sont succédé. A relire mes notes au brouillon dans mon cahier à spirales, je retrouve des détails qui me permettent de compléter tel ou tel épisode. Et c'est ainsi que j'avance à petits pas, encore un peu plus sûre de moi et sereine, confiante, joyeuse de ces surprises successives. Mon texte s'enrichit et je note toutes les illustrations auxquelles je pense. Je répertorie les questions encore en suspens, à poser à tel interlocuteur, les pistes à explorer aux archives.

16 janvier 2018 : deuxième et très bonne journée aux archives hier. Pourtant la matinée ne fut pas très productive dans la mesure où je n'ai pas trouvé la preuve que la Kommandantur avait bel et bien réquisitionné l'école Jules Ferry à Bort. Les seules réquisitions que j'ai pu consulter dans les dossiers sont celle d'un l'immeuble Jouve, place du 19 Octobre, pour servir de « permanence et bureau de recrutement de la Milice Française de Corrèze » et celle d'un camion aux Tanneries dont M. Brun, Directeur, réclamait la récupération de façon urgente en 1945 parce que l'entreprise en avait un grand besoin. Les dossiers relatifs aux personnels de l'enseignement ne m'ont pas permis de compléter ma liste des dirigeants successifs, mais j'ai lu des noms, parmi quelques autres concernant Bort, ceux d'une Mlle Farges et M. Passien, instituteurs du cours complémentaire, dans un tableau d'avancement des instituteurs et institutrices de la Corrèze et leurs services arrêtés au 1er janvier 1945.

Les documentalistes, suite à mon précédent passage et après mon départ, m'avaient mis de côté une chemise concernant le personnel des prisons d'Argentat et Bort ! De quoi bâtir un paragraphe, certes anecdotique, mais illustrant la réalité de la prison à Bort et de quoi émettre une ou deux hypothèses…

L'après-midi s'avéra beaucoup plus riche : à feuilleter la presse de mai, juin, juillet 1930, j'ai de quoi alimenter le paragraphe relatant l'inauguration de l'école Marmontel, quelque peu animée… Quant au dossier 144 T1, là, je tiens un filon : la naissance du collège communal en 1820 ! De quoi reconstituer en partie cet épisode au travers des courriers échangés ces années-là entre le Maire et les services préfectoraux : un régal pour mon enquête ! Même si la calligraphie de l'époque n'est pas facile à décrypter. Sérieusement, et c'est une nouveauté, je me sens dès lors extrêmement responsable de ce que je vais comprendre, interpréter et traduire car je suis désormais dans de l'inédit, la seule peut-être, jusqu'à maintenant, à découvrir et rendre compte de ces éléments ; je n'ai pas le droit de me tromper quand bien même l'erreur reste possible. D'autres vont me lire et prendre mes écrits pour argent comptant : or je n'ai pas le droit de trahir l'histoire. La plus grande prudence s'imposera donc dans ce que je rédigerai. Mais comme tout cela m'enthousiasme ! Impression que ces pans d'histoire passée encore proche somme toute, sont là tout près, à sommeiller, n'attendant plus qu'un regain d'intérêt pour se manifester, mais avec des lacunes regrettables. Comme une boule de poils toute tiède encore, que je caresse afin de lui redonner vie, le temps de ces quelques pages, le temps d'une mémoire retrouvée bien qu'imparfaite, ô combien.

A l'ami qui me demanderait si mon livre avance, je répondrais que je vais aux Archives départementales au moins une fois par semaine et que j'engrange avec bonheur de plus ou moins riches moissons, simples glanes parfois qui peuvent cependant s'avérer précieuses pour autant que je les garde soigneusement présentes à l'esprit. Plus ce constat : deux siècles ont passé et certaines problématiques restent quasi identiques concernant le collège de Bort : moyens financiers insuffisants pour faire face à l'entretien des locaux (et le « payement » des personnels en 1825-1830) ; un enseignant, le Régent Ayma, qui réclame sa mutation et écrit au Préfet en ces termes : « Transplanté par une disgrâce mi politique à quatre-vingt lieues de ma ville natale *dans le plus mince collège de la plus mince académie de France…/…* jeune professeur marié…/… » afin que ce dernier sans doute influe favorablement sur sa demande auprès du recteur, afin également, écrit-il de « *réparer une année d'exil peu mérité »*. Il obtient gain de cause.

Février 2018 : je pense avoir fait le tour de ce qui pouvait m'intéresser aux archives. Dommage, c'est plaisant. Les dossiers sont constitués de façon chronologique et on découvre d'abord le plus récent quand on ouvre une chemise, on a alors l'impression de remonter le temps, au fil des documents et c'est assez étrange et stimulant car on progresse, on émet des hypothèses, qui se confirment ou non et peu à peu se dessine une réalité qu'on était loin de soupçonner, qu'on a l'impression d'être la seule à détenir puisque c'est comme si on l'avait inventée, en tout cas reconstituée, malgré des lacunes ! Et ça va être transcrit, transmis, porté à la connaissance de tous : c'est fabuleux. Mais quelle responsabilité !

Je pense avoir écrit les deux tiers, voire les trois quarts de mon ouvrage à ce jour. Ensuite d'autres tâches m'accapareront en lien avec ce travail : vérifications et relectures, illustrations, mise en page définitive, la rédaction d'une préface par un tiers, l'édition, l'impression, la diffusion… Mais j'aurai l'impression d'avoir accompli ce que je devais faire, sans pouvoir m'expliquer cette obligation impérieuse : peut-être le besoin de tourner définitivement ma page personnelle éducation nationale, ma révérence et mes adieux en somme…

début mars 2018 : voilà que mon ouvrage s'achève ou plutôt que j'achève d'y travailler : quelques relectures personnelles et dernières vérifications, un chapitre à terminer une fois que je serai allée à la rencontre des derniers témoins que je veux entendre pour avoir le pendant féminin du collège technique des années cinquante, et je pourrai le soumettre à qui je pense. Mais voilà que des doutes m'étreignent : n'ai-je pas été naïve, superficielle ? Sans doute il y aura des erreurs, n'ai-je pas été présomptueuse ?... J'ai vraiment hâte maintenant d'en finir, une fois que j'aurai le sentiment de ne plus rien avoir à ajouter ou modifier. Je veux tourner l'ultime page de ces écrits. Pouvoir me dire c'est fait, *je* l'ai fait. Plus ou moins bien. J'ai voulu faire au mieux. Ça ne m'appartient plus.

ANNEXES

Essai de CHRONOLOGIE   J'ai voulu retracer l'histoire de notre collège Marmontel, en remontant le plus loin possible dans le temps ; l'histoire de ce site est liée intimement à l'ordre religieux des Minimes, les premiers occupants en quelque sorte, puis à l'histoire de l'éducation-instruction, l'Ecole pour faire court, tant à Bort qu'au niveau de la nation. Enfin j'ai tâché, avec plus ou moins de succès, de mettre en parallèle une histoire de Bort ou tout au moins j'ai cité des événements qui ont jalonné, marqué les ans, les mentalités sans doute. Bien d'autres certainement auraient pu l'être, tant dans les domaines économiques, socioculturels, petits et grands… Que l'on me pardonne d'en avoir omis …

en ce qui concerne le collège :

1419 : une chapelle St Etienne (acte notarié de 1415) est citée, voisine proche d'un oratoire (ND de la Consolation), couplée à un couvent de St François de Paule (Ordre des **Minimes**)

1613 : d'autres religieux sont en désaccord avec les Franciscains Minimes

1665 : les Minimes d'Usson en 63 sont transférés à Bort, les Franciscains Minimes s'emparent de la chapelle

1705 : sur la carte de Truchet on note : *les Minimes* ainsi que sur la feuille 14 de Cassini tandis que courant XVIII°, sur la carte de Nolin, on note : *communauté d'hommes*

1768-89 : il y 3 frères au *couvent de Bort* et 4 religieux en 89

1789 : inventaire des biens par les révolutionnaires : maison, église attenante, deux ailes de cloître, deux dortoirs, une bibliothèque de 466 ouvrages

1791 : on cite la gendarmerie et la prison de Bort

1793 : couvent et église sont rachetés par Gérard Pezeyre, les cloches du couvent sont enlevées par un certain Gasparou

[1808 : création des académies]

1820-32 : fondation d'un ***collège communal***

1839 : cadastre section C2 du Faubourg : dessin de 2 bâtiments sur lieux concernés

1845 : plan de *l'ancien couvent* avec église et chapelle –d'après collection J Sirat)

[1848 : la Corrèze appartient à l'académie de Cahors]
[1854 : la Corrèze appartient à l'académie de Clermont Ferrand]

1852 : la direction de cette ***école de garçons*** est confiée à des congréganistes (les Frères des écoles chrétiennes) qui occupent l'ancien couvent avec la gendarmerie

1860 : départ de la gendarmerie (vers l'avenue Victor Hugo – actuellement sise avenue Jean Jaurès) et création d'un internat cédé aux Frères des Ecoles chrétiennes

1875 : dans l'atlas départemental de la Corrèze : « *ancien couvent des Minimes, école communale et pensionnat de jeunes gens* –chemin des Minimes – prison voisine »

1877 : *école primaire supérieure* ? Qui serait remplacée en 1886 par un **cours complémentaire**

1879 : adoption de l'enseignement laïque par la municipalité : début des écoles publiques

1886 : *école primaire de garçons et cours complémentaire*

1890 : construction de l'école des filles au Pré-Mongeal (aujourd'hui école Jules Ferry)

jusqu'en 1904 : établissements scolaires privés rue Piechecros et couvent place Jeanne d'Arc

1923 : accueil des écoles sur le site du collège Marmontel actuel

1925 : approbation par le Conseil Municipal et le maire Jean Baptiste Brun du projet Marmontel

1926 : accord ministériel et travaux en 1928-29-30

 1928 : décret de M. le Ministre de l'Instruction Publique création de l'EPCI à Bort

1929 : première rentrée dans les nouveaux locaux du **groupe Marmontel (*écoles et école pratique*)** édifié à la place du couvent des Minimes (l'école pratique = 22 élèves, 15 en industriel et 7 en option commerciale) et 6 classes primaires dans l'aile nord) - cartes postales de ***l'école Marmontel*** : *EPI, école primaire, cours complémentaire*

29 juin 1930 : inauguration grandiose (et banquet) en présence de M. Chautemps ancien président du conseil des ministres, du directeur national de l'enseignement technique, de M. Queuille, élu de Neuvic, député de Corrèze et ancien ministre, du recteur de l'académie de Clermont Ferrand, des inspecteurs d'académie de Tulle et Aurillac et d'autres personnalités

1942 : appellation *collège technique* et projet d'une nouvelle construction

1950 : cohabitation difficile par manque de locaux de l'école primaire et du collège technique

1952 : création de l'association « les Marmontelos » (1951 à 75) au sein de l'association sportive « les Aigles noirs » (depuis 1942, succession des « Abeilles noires » depuis 1932)

1954 : première esquisse du projet route de Champs, projet définitif en 1959 et bâtiments en 1962, externat en 64

1955 : on évite la fermeture du collège et son transfert (vers Granges ? la Plantade ? la Cascade ?)

oct 1964 : transfert route de Champs du collège technique – de 64 à 67 création de salles de sport au collège et au lycée, le gymnase remplace les ateliers au collège

[1965 : la Corrèze appartient à l'académie de Limoges]

1966 : le *CEG* (appellation de 1960) devient *CES* (bâtiment Marmontel), les internes sont hébergés au lycée technique

1967 : le lycée technique est nationalisé et son CET annexé

1970 : ouverture de l'école J Jaurès, **l'école primaire quitte Marmontel**

1975 : le CES devient le *collège Marmontel*

1976 : nouvel internat au lycée

1978 : réception des travaux de **l'internat et demi-pension à Marmontel**, créés sur le terrain des Minimes

1991 : création de la galerie couverte à Marmontel
1992 : on n'accueille plus les internes au collège

1996 : réhabilitation du collège Marmontel par le département et la ville de Bort

2000 : fermeture de l'internat à Marmontel (désaffection totale en **2015**)

2006 : fin de la 1ère tranche des travaux de rénovation (création des nouveaux bureaux en 2004)

2008 : achèvement de la 2de tranche de travaux de rénovation

2016-17 : réfections intérieures au gymnase du collège

à suivre…

en ce qui concerne Bort-les-Orgues :

période gauloise puis romaine
vers 507 : charte (attribuée à Clovis) mentionne une chapelle (construite sur un temple païen ?)

959 : existence d'un Prieuré bénédictin et d'une maison de religieux

X°siècle : donjon primitif de Val

1096 : rattachement du prieuré bortois à l'abbaye de Cluny (bénédictins)

1130 : construction de la 1ère église (qui sera reconstruite à partir de 1480) et restauration du prieuré

1437 : autorisation par Charles VII de la construction des remparts de Bort, par Louis XI d'un pont en 1482
1450 : achèvement de la construction du château de Val déjà remanié en forteresse au XIII° -nouveau château de Pierrefite en 1478 – Bort lieu de marchés importants

1671-77 : ganterie Dulac

du XV° au XVIII° siècles : exploitation des forêts, production de charbon de bois, flottage des troncs, saboterie puis galocherie, exploitation de minerai de plomb, production de chanvre (tisserands)

1723-1799 : Jean François Marmontel

Révolution : fin de la Seigneurie des Prieurs bénédictins et vente des biens nationaux

1791 à 1795 : la municipalité bortoise est accueillie au couvent des Minimes
1821 : construction de la Halle au Blé

1830 : remplacement du pont médiéval

1839 : inauguration du buste de Marmontel sur le couderc (place Marmontel) à noter qu'un premier emplacement avait été prévu sur le pont

1856 : fondation de l'usine de moulinage de la soie à la Cascade

1871 : plantation des platanes de la place Marmontel

1878 : plusieurs chapelleries à partir de 1878 jusqu'en 1932 et tissage du chanvre jusqu'à la fin du XIX°s, fabrication de couvertures et d'édredons

1882 : arrivée du chemin de fer : ligne ferroviaire Eygurande-Bort-Largnac et mise en service de la gare

1887 : décision de transfert du cimetière
1888 : préfiguration de la 1ère tannerie industrielle (Brun)

1882-1895-1911 : grèves des chapeliers – des mineurs de Champagnac - des sabotiers

1905 : fermeture de l'école des Frères rue Piechecros

1906 : inauguration de l'hospice

1908 : ligne ferroviaire Bort-Neussargues

début XX° siècle : une centaine d'ouvriers encore dans les entreprises artisanales de tannage dans la vallée de Bort « cité du cuir »

1910-1913 : 1er éclairage public limité à Bort (en projet depuis 1894) – alimentation des fontaines publiques

1919 : Bort devient Bort-les-Orgues par décret du 24 décembre

1921 : M. Mazaud invente la roue pendante (énergie hydraulique) – création du 1er corps de sapeurs-pompiers

1923 : inauguration du monument aux morts (142 Bortois victimes)

1925 : les tanneries s'installent aux Nadauds

1927-35-50 : premières centrales hydro-électriques

années 1930 : tanneries de Bort, maroquinerie « Soco »

1931 : premier complexe sportif de la région (création de l'amicale sportive bortoise en 1904)

1932 : fermeture de la chapellerie Megemont
construction du cinéma le 7ème art (réhabilité en 1986 et 2016)

1933 : inauguration des Bains-douches

1936 : nombreuses professions attachées au textile et 34 commerces

1938 : ouverture du marché couvert

1942-1952 : construction du barrage de Bort

1945 : 1ère fête de l'arbre de Noël de tous les établissements scolaires bortois

1947-48 : création de la cité de la Plantade, aménagement de divers lotissements – mise en service des écoles de la Plantade (jusqu'en 1997)

1946-49 : mise en service du nouveau pont et rocade boulevard Jean Jaurès

1950 : fermeture de la ligne ferroviaire Bort-Eygurande-Merlines

1953 : donation du château de Val à la ville de Bort

1958 : ouverture de la maternelle rue Lyautey

1959 : passage du tour de France (étape Aurillac – Clermont)

1960-68 : construction du hall et annexe à la place des baraquements du Pré- Mongeal, mise à disposition de la piscine, du centre culturel, des salles de sport

1962 : 1ère vidange du barrage (capsule du commandant Cousteau)
fin des activités de l'école privée du couvent

1965 : fermeture de l'usine de la Cascade

1967 : don à Bort de la pierre tombale de JF Marmontel

1970-72 : construction et mise en service du centre de la Saule

1973 : réalisation du pavillon du Tourisme (syndicat d'initiative créé en 1927)

1976 : début des travaux de la nouvelle gendarmerie bvd Jean Jaurès

1984-86 : naissance de RBA

1988 : mise à disposition de la maison d'accueil spécialisée à la Plantade

1991 : arrêt des activités de la Soco
fermeture à tout trafic de la ligne ferroviaire Bort-Neussargues

1993 : panneau publicitaire avec horloge en bas de la rue des Ecoles

juillet 1994 : dernier autorail entre Bort et Aurillac

1995 : mise en service de la station d'épuration de la communauté de communes et desserte de Bort en gaz naturel

1997 : intégration des élèves de la Plantade dans les écoles de Bort-ville

1999 : commémoration du bicentenaire de la mort de Marmontel

2001 : la Vie municipale de Bort devient le bulletin municipal de Bort (nouvelle équipe municipale)

2002 : nouvelles installations de l'hôpital

2010 : 1ère édition de l'Aquaterra

à suivre...

Quelques repères chiffrés...

nombre d'élèves – nombre d'habitants

	1962 1963	1968 1969	1972	1976	1982	1988	1993	1998	2007	2011	2015 2016
Lycée CET		550		511	490	531	428	254	195	137	130
dt internes		400									
collège	194	403		381	291	253	262	229	138	169	178**
dt internes	7	45		70	22*						
Total 2aire		953	1053	892	781	784	690	476	333	306	308
dt internes		445	531								
Population Bort	5115	4937		5612	4509	4950	4208	3535	3247	2887	2745

* 8 en 1989-90
** 150 en septembre 2018

Succession des dirigeants (directeurs, principaux et leurs adjoints) côté école-collège :

1886 : **M. Besse** directeur du cours complémentaire

M. Tauty Directeur du cours complémentaire
Avant 1930 ?
1928 : **M. Baluze** = Directeur du primaire et du Cours complémentaire
M. Papon dirige l'école élémentaire de 46 à ?
M. Passien = directeur des années 45-50, **Pierre Magnaudeix**, professeur de français, est son adjoint et son frère **Paul Magnaudeix** a dirigé l'école élémentaire
en 1962 Eugène Passien dirige toujours le cours complémentaire (ancêtre du collège)
en 68 = **M.Mariage**, quant à **M. Doreau** ?
À l'intendance se sont succédés : **M. Faugère, Mazzi, Moreau**

De 1963 ou 64 à 1982-83 : Pierre Magnaudeix est directeur, à partir de 1975-76 ses adjoints se succèdent : **Jacques Borie, Mlle Porteneuve, M. Lépine, Mme Richard, Mlle Soriano** tandis que **Mlle Porteneuve, Mme Tournadre, Mlle Marty** font fonction de CPE (dirait-on aujourd'hui). **M. Moreau**, intendant du lycée et du collège, puis **Mme Blot** sont les gestionnaires de l'établissement.

(Rappel : en 1970 l'école primaire quitte le collège)

De 1983-84 à 1988-89 : **M. Genouel**, assisté de, successivement : **Mlle Soriano, Mme Desmonts, Mme Deschamps, M. Bresoles, Mme Bourdin** et à l'intendance **Mireille Cheyrie.**

89-90 à 91-92 : **Yvon Peytavi** avec **Mmes Bourdin, Lagarde** ; **Mmes Seurin, Bennet** à l'intendance

92-93 à 97-98 : **André Gauthier** (qui fut professeur de 1975 à 1992 en ces lieux) avec **Mme Lagarde, Thérèse Latapie** (documentaliste au collège de 95 à 97 puis faisant fonction d'adjointe avant de passer le concours), **Martine Cauty**. A l'intendance : **Chantal Farge** puis **Valérie Martelou** (de 1995-96 jusqu'en 2016-2017)

1998-99 à 2004-2005 : Martine Cauty avec **Nadine Laviolette** puis **Mlle Petit** et **Patricia Maronne** (le poste de CPE remplace le poste d'adjoint à la rentrée 1998) qui est toujours CPE en 2018-19.

2005-2006 à 2010-2011 : Daniel Sors (qui fut élève de 1966 à 1970 en ces lieux)

2011-2012-2013 : Jean Pierre Marival

2013-2014 à 2016-2017 : Annie Porebski

2017-2018 jusqu'à ? : Véronique Adalbert ; gestionnaires : **Mme Jouve** puis **Nicolas Rumeaux**

<u>Succession des dirigeants (directeurs, proviseurs) côté EPI puis lycée :</u>

de 1929 à 39 : Emile Peytavin , 1939 à ? : Henri Stoll , M. Crampe ? 1945 à 52 = Henri Vialle , 1952 à 54 = M. Mannevy-Tassy, 1956-58-64 = Raymond Bonhomme

(rappel : en 1942 l'EPI devient collège technique, il est transféré route de Champs en 1964)

de 1969 à 1982-83 : **Jean Banvillet**
1983-84 à 1990-91 : **Daniel Diet**
1991-92 à 1994-95 : **Michel Borie**
1995-96 à 1997-98 : **Raymond Tarayre**
19998-99 à 2000-2001 : **Gérard Brugières**
2001-2002 à 2003-2004 : **Raymond Queraux**
2004-2005 à 2007-2008 : **Pierre Daveau**
2008-2009 à 2010-2011 : **Marie Christine Auriac**
2011-2012 à 2014-2015 : **Christiane Partaud**
2015-2016-2017 : **Olivier Lopez**
2017-2018 à ? : **Laurent Dufour**

Quelques parcours particuliers

DIET   M. Daniel Diet, ancien élève de Marmontel, a eu M. Roques comme professeur

MAZZI   M. Christian Mazzi est arrivé en 1958 au collège en tant qu'élève jusqu'en 60 puis fut maître d'internat au lycée pendant deux ans jusqu'au déménagement du lycée route de Champs en 64 ; son père était Intendant et la famille a occupé le logement du Directeur à l'étage administratif actuel. De sa chambre contiguë à celle de l'appartement voisin, il a entendu Paul Magnaudeix mourir.

MONTEIL   Autre maître d'internat et peut-être ancien élève également : M. Jean Marc Monteil, originaire de la Bessette à côté de Beaulieu, a été recteur de l'académie de Bordeaux (1997), recteur de l'académie d'Aix (2000-2002), maître de conférence à l'université de Clermont Ferrand

PASSIEN   M. Eugène Passien ; a publié de nombreux textes sur l'histoire locale et la formation géologique des orgues de Bort   (cf bibliographie en annexe)

ROQUES   M. René Roques, professeur de sport au collège Marmontel, surnommé « Pépé Roques ». Il est arrivé comme enseignant au collège en 1950.
Il venait voir la TV (qui n'était pas dans tous les foyers à cette époque-là) chez les Mazzi : on regardait alors la Piste aux Etoiles et les matches de rugby…

BONHOMME   M. Raymond Bonhomme, Directeur du lycée en 58. Il était arrivé de Charleville Mézières. Il était malade et c'est le surveillant général de l'époque et M. Mazzi, l'économe, qui assuraient pratiquement la direction de l'établissement. A habité son logement en même temps que la famille Mazzi chez qui il venait jouer à la belote. Il est décédé en 64.

BORIE   M. Jacques Borie, Principal adjoint de 75 à 77, responsable de l'équipe de volley au collège en parallèle à M. Mazzi, responsable, lui, de l'équipe de volley du lycée. Les élèves l'avaient surnommé « La Pipe » parce qu'il fumait et qu'une douce odeur de tabac « Amsterdamer », témoin de son passage, flottait dans les couloirs. Est mort, très jeune, d'une crise cardiaque qui l'a terrassé au bureau. Les deux équipes de volley ont fusionné après son décès.

M. et Mme DELCOUDERC tous deux agents au collège, lui chef cuisinier, dit Lulu, de 79 à 2002, elle comme agent de 79 à 82 au collège puis au lycée de 82 à 87, ont logé au collège, bâtiment du haut, jusqu'en 87, leur logement était voisin de celui de l'infirmière. Mme Delcouderc était entrée comme élève au CET en 63, à l'ouverture du lycée. Elle a eu M. Roques comme professeur. Ses filles, gendre et fils ont été tour à tour surveillants.

BIBLIOGRAPHIE

Bort-les-Orgues entre Auvergne et Limousin – histoire et tourisme – édité par l'O.T.S.I. du pays de Bort Artense – 1985

Le château de Val – commandant Marcel Juillard – 4eme éd réalisée par l'O.T du pays de Bort Artense – 1988

Bort-les-Orgues, 5000 ans d'histoire – René Roques – inédit

La Haute Corrèze oubliée –l'arrondissement d'Ussel, ses sept cantons et les communes limitrophes par les cartes postales et les photographies anciennes – Daniel Chambre – 1992

Dictionnaire historique et archéologique des paroisses du diocèse de Tulle par l'abbé Poulbrière – tome 1er deuxième édition – 1964

Paroisses, églises et chapelles disparues du pays d'Ussel – musée du pays d'Ussel 2007 catalogue par Jean Loup Lemaître

Abbayes, couvents et prieurés disparus du pays d'Ussel – musée du pays d'Ussel 2008 catalogue par Jean-Loup Lemaître

Les établissements d'enseignement technique en France 1789-1940 tome 1 la Corrèze –Gérard Bodé et Hubert Vènes – service d'histoire de l'éducation INRP 2004 (en ligne)

Rapport n° 2005-18 nov 2005 – le dispositif d'enseignement et de formation du « pays » de Haute Corrèze arrondissement d'Ussel – M. AM Bassy, M. Volondat, JC Ravat, P Jardin IGEN et P Sauvannet chargé de mission (en ligne)

<u>Concernant les Négociants Voyageurs et la formation au lycée de Bort :</u>

Une forme méconnue de vente à domicile les Négociants-Voyageurs – thèse pour le doctorat de 3è cycle – Pierre Retureau – Université de Lille - 1971

Les migrants de travail d'Auvergne et du Limousin au XX°siècle – Marc Prival – institut d'études du Massif Central Clermont Ferrand 1979 – Faculté des Lettres et Sciences humaines Clermont Ferrand II

Auvergnats et Limousins en migrances – Marc Prival – éd de la Montmarie 2005

Les bulletins d'information des Négociants Voyageurs du Massif Central Cantal, Puy de Dôme Corrèze « Reflets d'Auvergne », devenus « Négoce Avenir », du n° 32 de janvier-mars 1968 au n°110 du 1er semestre 1994, aimablement transmis par Gérard Fandard, président de l'association « la Mémoire des marchands de toiles », créée en 2014, à Egliseneuve d'Entraigues.

<u>Autres</u> :

Construction d'une école pratique d'industrie, internat et école primaire de garçons – plan du rez-de-chaussée feuille n°2 – dressé par l'architecte départemental diplômé par le gouvernement – Tulle le 10 décembre 1925 (au collège de Bort)

carnet de 8 cartes postales détachables : Ville de Bort-les-Orgues – école Marmontel – Ecole Pratique de Commerce et d'Industrie, Ecole Primaire, Cours Complémentaire (au collège de Bort)

Bulletin municipal de Bort-les-Orgues juillet 2001 (n°1) à janvier 2018 (n°40) (en ligne)

la Vie municipale de Bort-les-Orgues de 1969 à 1985 (en ligne)

Ifé,   Institut français de l'Education – lycées et collèges d'autrefois (en ligne)

Une histoire des collèges du XIXème siècle à nos jours conférence d'Antoine Prost 2007 (en ligne)

Pensions et institutions privées – Histoire de l'Education INRP (en ligne)

Histoire de la scolarisation (en ligne : site créé et animé par par Daniel Calin, auteur, 2006)

Histoire de l'enseignement en France – Wikiversité en ligne et Histoire de la scolarisation -Wikipédia en ligne

De la prostitution dans la ville de Paris par Alexandre Jean Baptiste Parent Duchâtelet 1838 (en ligne)

Aux Archives départementales de Corrèze à Tulle :

la presse : 133PR/254 la Montagne septembre 1979 – 120PR/7 la Montagne corrézienne mai juin juillet 1930 – 126PR/1 Union républicaine des montagnes juin juillet 1930 – 133PR/144 la Montagne 3 juin 1970 – 8PR/96 le Corrézien 1er juillet 1930 – 122PR/1B Bort Journal 1927, 1928

cartes postales et photographies : 5Fi/28/17/2 – 5Fi/28/16/2 - 23FI/46173 – 23Fi/31065

les cadastres : E DEP 28G2   dépôt des communes référence 1791
cadastre napoléonien le faubourg parcelles 85 à 89 section C

550W282 Personnels de l'Education nationale demandes de mutation création de postes correspondances 1942-46

550W 534 notifications de réquisitions aux propriétaires des biens ou logements réquisitionnés

550W 535 service des réquisitions immobilières et de marchandises au profit des militaires et des réfugiés 1940-45

144T1 collège de Bort An VIII -1851

2 O/168 commune de Bort-les-Orgues édifices et travaux – écoles : réparations mobilier 1833-1883 restauration de l'école de garçons 1879-1883

2 O/170 groupe scolaire Marmontel école de garçons avec cours complémentaire internat et école pratique d'industrie – construction et travaux complémentaires 1921 - 33

122T1 écoles primaires supérieures

1217W/185 Bort-les-Orgues construction d'un internat

1217W/200 Bort-les-Orgues opération terminée 1979

1607W/59 aménagement du CES dossier technique et plans 1966 - 75

4N7 Bort réparations, installation : PV de demandes de travaux, correspondance, délibérations, devis estimatifs, baux et leur renouvellement, plans, affiches 1850 – 1930

4N34 dépôts de sûreté Bort Argentat, installation, correspondance 1869 – 1873

4N1 casernement des gendarmes : baux à ferme, correspondance, bilans, états des propriétés et des bâtiments, bilans des dépenses générales, états des sommes à payer, recensement des gendarmes an IX – 1819

Q1/727 Biens nationaux

Q16 inventaires des biens nationaux de première origine du district d'Ussel par municipalités 1791

4F/1 à 4F/14   collection Pau (ville de Bort, prieuré de Bort, couvents, histoire de Bort, cahiers et carnets de notes…)

Les clichés photographiques sont de A. Porebski, sauf le cliché verdoyant de la p 101 *-archives du collège-* : photos contemporaines en couleurs, cartes postales et divers documents d'archives émanant des Archives départementales, des archives du Lycée Bort Artense, de la documentation personnelle de M. Roques et Deshors.

Remerciements à vous tous qui m'avez guidée, aidée dans mes recherches et avez suscité de nouvelles interrogations fertiles :

En tout premier lieu : M. Gaston Deshors qui êtes à l'origine involontaire de ce projet d'écriture et M. René Roques qui m'avez donné accès à vos archives, sans qui ces écrits n'auraient pas vu jour.

M. Christian Mazzi et M. Raymond Quéraux qui avez été mes premiers interlocuteurs et m'avez orientée avec succès vers d'autres témoins incontournables

Mmes et M. Gilles Bonnet, Hervé Caleta, Florence Faucher et Bruno Hostier, Josie Mouty, Jean Luc Salesse, agents techniques au collège, anciens élèves pour plusieurs d'entre vous, qui m'avez rapporté des anecdotes utiles et suivi avec intérêt mes recherches débutantes

Mmes et M. Bruno Laurensot et Valérie Martelou, Patricia Maronne, précieux collaborateurs de proximité au collège, qui avez participé à mes recherches ainsi que Annie Tamayo, secrétaire de direction au lycée voisin.

M. Jean François Le Van, délégué académique à l'éducation artistique et l'action culturelle, Inspecteur d'Académie-Inspecteur Pédagogique Régional et M. François Dupoux, Inspecteur Pédagogique Régional pour l'éducation musicale, pour ce qui concerne l'œuvre d'art dans le patio et bien sûr M. Claude Roucart, l'artiste qui m'avez aimablement fourni quelques photographies personnelles.

Mme Paquet et M. Fandard pour ce qui concerne les Négociants Voyageurs que grâce à vous (moi qui ne suis pas bortoise ni corrézienne d'origine) j'ai découverts et appris à connaître.

La Médiathèque d'Ussel et les Archives départementales à Tulle, le Musée de l'Ecole, partie du Musée de la Tannerie et du Cuir à Bort-les-Orgues, vous, les bibliothécaires, documentalistes et guides dévoués qui avez mis vos compétences avec sympathie à mon service quand je les sollicitai.

Mmes et M. Martine Cauty, André Gauthier, Daniel Sors entre autres, collègues et chefs d'établissements, passés ou présents, vos proches parfois, qui m'avez vivement encouragée dans cette rédaction.

Mme Jeannette Goldzak et son petit-fils Bryan , Mme Danièle Vincent, pour l'histoire émouvante de Jeannette.

M. Jean Claude Sangoï, éminent ex-collègue enseignant, complice et confident sympathique qui à plusieurs reprises as partagé mon enthousiasme et bien voulu relire la version finale.

Dominique, enfin, mon plus proche et auditeur privilégié dont j'ai abusé de la patience à te lire mes essais pour que nous jugions ensemble de leur pertinence…

Sans oublier La Méridienne du Monde Rural grâce à qui cet ouvrage arrive à son étape ultime, pour ses précieux conseils et sa très efficace collaboration.

Table des matières

Cliché Sully

1 BORT-LES-ORGUES. — ÉCOLE MARMONTEL. — FAÇADE.